Meine Suche nach radionischen Wahrheiten

von
R. Murray Denning

RADIONIK VERLAG

Anmerkung der Übersetzung:

Englische Buchtitel wurden stets sinngemäß übersetzt. Soweit ein deutscher Titel erschienen ist, wird dieser einmal als Fußnote genannt. Da immer mehr Bücher übersetzt werden, kann für die Aktualität natürlich keine Gewähr übernommen werden.

Copyright © 2000 Radionik Verlag Claudio Romanazzi
Übersetzung von Claudio Romanazzi und Maren Köhne

Druck Offset Druckerei Pohland, Augsburg

ISBN 3-934441-03-3

© der englischen Ausgabe
1981 R. Murray Denning

© der deutschen Ausgabe
Radionik Verlag
Claudio Romanazzi MRadA
Quaet-Faslem-Str. 12A
D-31582 Nienburg
☎ ++49 +5021 910188
📠 ++49 +5021 910197
✉ radionik@t-online.de
http://www.radionikverlag.de

Inhaltsverzeichnis

1 Vorwort
3 Einführung
7 Mein Weg zur Radionik
25 Außersinnliche Wahrnehmung: Eine natürliche Funktion
33 Die Kiste zum Diagnostizieren durch Messen
41 Grundlegende Prinzipien einiger Pioniere
55 S.W. Tromp, Professor der Geologie
61 Dr. Ruth B. Drown DC
69 Das Aufdecken der Konzepte des Darrell Butcher
89 Dinshah Ghadiali 1872 - 1966
103 Mme. Marguerite Maury
113 Das Rätsel der Zahlen. Entwicklung der Sensitivität
127 Gibt es Parallelen zwischen Yoga und Alchemie?
139 Radionik und moderne Wissenschaft
149 Abschluss
151 Bibliographie

R. Murray Denning, M.S.F.

Vorwort

Während ich dieses Buch las, musste ich dessen Implikationen auf die Radionik im allgemeinen betrachten und abwägen. Über dieses Thema sind viele Bücher geschrieben worden, sie schienen aber hauptsächlich der offiziellen Linie gefolgt zu sein und es gibt viele Aspekte, die ignoriert werden, die aber ans Licht gebracht werden sollten, um ein verständlicheres Bild zu ermöglichen.

Zum Beispiel kennen meines Wissens nach nur wenige Schüler Mme. Maury. Ich bin ein eifriger Anwalt ihrer Pendel- und Lehrtechniken. Sie wissen ebenso wenig über Darrell Butcher, dessen Pegotty Instrument weit verbreitet ist. Tatsächlich ist es hier das erste Mal, dass ich persönlich etwas Schriftliches über seine Arbeit gesehen habe.

Ich denke, dass es sehr wichtig ist, dass dieses und weiteres vergessenes, aber verfügbares Material bekannt gemacht wird, so dass Studenten die Entwicklung des Themas angemessen verfolgen und entscheiden können, in welcher Richtung die Zukunft liegt.

Der erste Teil des Buchs, der den Weg des Autors zur Radionik beschreibt, ist faszinierend und etwas, das man selten aufgeschrieben sieht. Welch ein vertrautes Bild für viele von uns, die wie von unsichtbarer Hand in die Radionik gestoßen wurden.

Mit dem größten Vergnügen sehe ich im letzten Kapitel, dass detaillierte Forschung durchgeführt wurde und unzweifelhaft wird das neue Material großes Interesse und viele Kommentare hervorrufen.

Ich habe das Lesen dieses Buchs gründlich genossen, speziell seine Ausgewogenheit in Bezug auf eine beachtenswerte Detailtreue, ohne zu technisch zu werden. Das Buch schließt eine Lücke im radionischen Wissen und sollte einiges Aufsehen erregen und viele Leute dazu in die Lage versetzen, ihr Denken über das Thema als Ganzes zu erweitern.

Mike Hallas
Früher Mitglied des Beirats
der Radionischen Gesellschaft

Meine Suche nach radionischen Wahrheiten

Einführung

Ein weiteres Buch über Radionik! Das Thema, das eine wissenschaftliche Plage für die ist, die damit arbeiten, und ein wissenschaftlicher Anachronismus für die, die in der orthodoxen Medizinwelt leben. Warum sollte ich den Drang verspüren, dem mehr als genügenden Angebot an Literatur über das Thema ein weiteres Buch hinzuzufügen?

Alles begann im Frühjahr 1980, als ich einen Telefonanruf von einem führenden Mitglied der *Radionic Association*[1] erhielt, das mich bat, einen jungen Mann zu treffen, den es nach Informationen über Radionik dürstete. Ich war vom Ton seiner Begeisterung fasziniert und in der Folge wurde ein Treffen ausgemacht. Der junge Mann, etwas älter als 30 Jahre, erzählte mir, dass er als Elektroingenieur überzeugt worden war, dass die Elektronik dazu dienen könnte, einige radionische Phänomene zu erklären, dass er aber nach viel für die Faktensuche aufgewendeter Zeit nicht dazu in der Lage war, irgendwelche Antworten zu finden, die seine intellektuellen Bedürfnisse für dieses Thema befriedigt hätten.

Er hatte offensichtlich einen guten Verstand und stellte intelligente und grundlegende Fragen. Ich entschied also, dass ich in der Lage sein könnte, seiner Mission dienlich zu sein und wir unterhielten uns ein paar Stunden, in denen wir die grundlegenden Prinzipien von vielen der frühen Pioniere besprachen. Vieles von dem, was ich ihm erzählte, war neu für ihn, aber als er mich verließ, erwartete ich nicht wirklich, dass ich ihn wiedersehen würde. Nach gerade einer Woche jedoch rief er mich an, „Könnte ich zu weiteren Gesprächen kommen?" Ein weiteres Treffen wurde vereinbart und im weiteren Verlauf kam er auch. Bei diesem zweiten Besuch besprachen wir Bücher. Ich zeigte ihm meine Bibliothek und erzählte ihm von den vielen Notizen, die ich in den vergangenen 25 Jahren gemacht hatte.

Ich erklärte ihm, dass das Wachstum inspirierter Arbeit von den frühen Pionieren bis zu den experimentellen Bemühungen von ein paar tapferen Technikern gereicht hatte, dass aber diese frühen Männer und Frauen, die beachtliches Denken und Wissen aufwiesen, die Grundlage für die vergangenen

---

[1] Englische Radionische Gesellschaft

70 Jahre gelegt hatten, und ich meinte, dass deren Grundprinzipien nicht leichtfertig aufgegeben werden sollten.

Ich erzählte ihm, dass ich nach vielen Jahren Erfahrung auf dem Gebiet der Radionik immer noch den Glauben an die Möglichkeit hätte, dass sie letztlich als akzeptierte Heilungsform anerkannt würde. Deshalb hatte ich mir viele Gedanken um die Richtung gemacht, in die sich die Radionik wendete.

An diesem Punkt unterbrach mich mein Fragesteller, „Herr Denning," sagte er, „Sie müssen all dieses Wissen zu Papier bringen, bevor Sie sterben!" Ein freundlicher Gedanke für einen Mann, der doppelt so alt war wie er. Ich dankte ihm für das Kompliment und wir lachten herzlich darüber. Aber dies war die Geburtsstunde eines weiteren Radionikbuchs. Von dieser Zeit an wuchs eine ständige Freundschaft zwischen mir und dem jungen Mann. Wir hatten beide einen wichtigen Faktor gemeinsam. Wir waren beide überzeugt, dass die Radionik eine wissenschaftliche Grundlage haben MÜSSE, wenn sie überleben sollte. Ich willigte ein, ein Buch zu schreiben, und ihm in der Zwischenzeit alle mir mögliche Information zu geben, wohingegen er mich mit dem wissenschaftlichen Standpunkt vertraut machen würde. Ich wusste, dass ein weiteres Buch über Radionik eine gute Grundlage haben musste, aber das Thema gleichzeitig in die elektronische Ära einführen muss, und er konnte diese Notwendigkeit erfüllen.

In diesem Buch habe ich einige der positiven Leistungen einzelner Pioniere aufgeschrieben und dabei eher von ihren Schriften als von ihrer Geschichte zitiert.

Es gab immer zwei unterschiedliche Gedankenschulen in der Radionik, einmal ob es allein eine Sache des Geistes wäre oder ob es irgendwelche Beweise dafür gibt, dass sie auf einer naturwissenschaftlichen Ebene basiert.

In der physikalischen Radionik, wie sie von den Pionieren praktiziert wurde, bestand das Konzept daraus, dass man Energie maß, wenn man auch noch keinen Namen für sie hatte. Dies war die Lehre, auf der die Radionik gegründet war, und es wurde erwartet, dass sie auf einer solchen Basis eine anerkannte Therapie werden könnte. Seitdem ist jedoch der Gedanke gewachsen, dass man die gleichen Ergebnisse in einer Diagnose, die man durch physikalische Messungen erhält, auch durch das alleinige Anwenden des Geistes

Einführung

bekommen kann ... eine Form nicht-physikalischer Radionik ohne anerkennbaren wissenschaftlichen Hintergrund.

Ich habe immer behauptet, und das auch heute noch, dass man sich, wenn man an einer anhaltenden Kampagne für eine universelle medizinische Anerkenntnis arbeitet, der Tatsache stellen muss, dass diese NICHT ohne einen festen wissenschaftlichen Hintergrund erfolgen wird. Ohne diesen wird es eine Anerkenntnis nicht geben und die ganze Frage wird konfus bleiben. Ich untersuche und äußere mich zu dieser Behauptung in meinem Buch und erkläre dabei, auf welche Weise das meiner Meinung nach erreicht werden kann.

Mein Glauben daran wurde durch einen Artikel gestärkt, der in der Septemberausgabe 1981 des Radionikjournals der *Radionic Association* erschien und von der Vorsitzenden des *School Management Committee*[2] an die EHEMALIGEN UND HEUTIGEN STUDENTEN DER *SCHOOL OF RADIONICS*[3] gerichtet war, in dem sie schrieb:

„Wir, die Schule, sind uns sehr darüber im Klaren, dass die Radionik irgendwie, irgendwann - wir hoffen in nicht allzu ferner Zukunft - vom Staat anerkannt und dazu in der Lage sein wird, ihren Platz Seite an Seite mit dem Medizinberuf einzunehmen."

Unter vielen Pionieren auf diesem Gebiet ist Dr. Ruth Drown überragend und ich habe deshalb ein Kapitel ihrer Arbeit gewidmet. Dabei zitiere ich aus ihrem *Theory and Technique of the Drown Radio Therapy*[4] und auch aus anderen Büchern.

Es mag meinen Lesern auffallen, dass ich es vermieden habe, heutige Autoren und Anwender zu zitieren. Mein Grund dafür ist, dass sie gut bekannt sind und in anderen Veröffentlichungen breit abgehandelt werden. Ich habe versucht, von deren Themen wegzubleiben und neues, allgemein unbekanntes Material zu bringen, über das vorher noch nichts geschrieben worden zu sein scheint.

---

2 Komitee für das Schulmanagement
3 Radionikschule der *Radionic Association*
4 Theorie und Technik der Drown Radiotherapie

Ich beziehe mich speziell auf Prof. S. W. Tromp, der BEWIES, dass Radionik auf wissenschaftlicher, physikalischer Basis erklärt werden kann; Dr. Geo. Crile, der herausragende, hoch qualifizierte und international bekannte Medizinspezialist, der ein Zeitgenosse von Lakhovsky war; auf Butcher, von dessen Instrumenten heute noch eines viel genutzt wird und dessen Prinzipien und Theorien nie ausgelotet wurden. Diese habe ich so dargestellt, dass sie auf drei voll akzeptierbaren wissenschaftlichen Prinzipien beruhen. Schließlich habe ich Dinshah Ghadiali aufgenommen, ein brillanter indischer Gelehrter und Arzt, der seine Theorien über Farbtherapie vorbrachte, die sich auf Licht statt auf Pigmente gründete.

Ich beende das Buch mit einem Vergleich von Östlichen und Westlichen Traditionen des Alten Wissens und mit Gedanken über die mögliche Zukunft der Radionik in der elektronischen Ära.

1

Mein Weg zur Radionik

Ich hatte einmal einen Traum, in dem die Wissenschaft nachwies, dass Radionik Wirklichkeit ist. Letztlich meine ich, nachdem ich viele Jahre auf diesem Gebiet gearbeitet habe, dass die Verwirklichung des Traums in Reichweite liegt. Um aber meine Reise auf dem radionischen Weg zu illustrieren, muss ich damit beginnen, meine eigenen vor-radionischen Experimente zu schildern, die mich dazu führten, diese Arbeit aufzunehmen.

Erstens, was ist Radioniktherapie? Es ist eine Form von 'Heilung in Abwesenheit' durch die Anwendung einer 'Kraft' oder 'Energie' in Verbindung mit einem Gerät. Was ist das für eine Energie und wie manifestiert sie sich? Für den ersten Teil der Frage ist die Antwort, dass sie unbekannt ist. Es gibt jedoch einige Männer und Frauen, die, wenn sie einen gewissen Punkt 'innerer Entwicklung' erreicht haben, wissen, was sie ist, aber nicht dazu in der Lage sind, sie in für die Wissenschaft akzeptablen Begriffen zu beschreiben. Andere akzeptieren ihre Existenz intellektuell, obwohl auch sie nicht in der Lage sind, sie zu definieren. Noch weitere Leute benutzen sie ohne Erfahrung oder Verständnis. Es wurden ihr viele Namen gegeben, Reichenbach nannte sie zum Beispiel Od, Reich Orgon, Paracelsus Munia, Eeman Y-Kraft, die Alchimisten Erste Materie, die Theosophie Fohat, Alice Bailey kosmisches Feuer.

Es ist die Energie, die sich selbst durch alle Formen des Ausdrucks auf Erden manifestiert; durch physische Formen mit all ihren Komplexitäten - physikalisch, chemisch, biologisch, elektrisch, magnetisch usw. , und durch die ätherischen und feinstofflichen Felder, aus denen das Leben aufgebaut ist. Es ist die Energie, die durch die Hände eines 'Heilers' fließt; die durch die Gestalt der Großen Pyramide freigesetzt wird; durch geometrische und numerische Muster; sie ist tatsächlich Kosmische Energie.

Meine Suche nach radionischen Wahrheiten

Es ist die Manifestierung dieser unmessbaren Lebensenergie, die messbar ist. Was uns hier interessiert, ist, wie diese Energie effektiv zugunsten der Menschheit genutzt werden kann.

Beginnen wir, wo ich begann. Zu dieser Zeit war ich 45 Jahre alt, ich war mehr als die Hälfte meines Lebens Opfer einer Spondylitis ankylopoetica[5] gewesen, ich sah aus wie 65 und das Leben war es nicht wert, gelebt zu werden.

Ich war für meine Familie und mich selbst eine Belastung und obwohl ich nie über Selbstmord nachgedacht hatte, fragte ich mich doch in deprimierten Stimmungen, warum das alles MIR passierte.

Diese unheilbare Beschwerde ist eine schmerzhafte Erkrankung des Rückgrats, die den Leidenden dazu zwingt, sich immer mehr nach vorne zu beugen, bis das Rückgrat in solch einer Position fixiert ist, dass man ständig zu Boden vor seine Füße sieht. Mein Vater, ein Arzt, versuchte natürlich alle möglichen Behandlungen für eine Heilung, aber ohne Erfolg oder auch nur Erleichterung ... Wärme ... Licht ... Medikamente ... Serum Injektionen ... Massage ... alle waren mal dran, die Entfernung all meiner Zähne eingeschlossen, einen pro Termin über einen Zeitraum von 32 Wochen. Jede Woche suchte ich den Chirurgen auf, gefangen in Schmerzen, und danach, eine halbe Stunde später und mit einem Zahn weniger, ging ich aufrecht und erleichtert die Straße entlang. Die Reaktion war so schwer, dass mein Zahnarzt, ein Freund der Familie, auf keine andere Weise weitermachen wollte. Niemand erklärte, warum die plötzliche Symptomfreiheit nach jeder Extraktion zustande kam. In der folgenden Woche kroch ich zum Chirurgen zurück, so verkrüppelt und unwohl wie immer. Das Leben war wirklich nicht auszuhalten. Seit 20 Jahren war ich mal in Krankenhäusern und Kliniken, mal draußen, immer mit Schmerzen und Verschlechterung meines Zustands.

Dann geschah etwas. Eines Winters, ich war allein zu Hause, meine Familie war in die Ferien gefahren, nahm ich ein Magazin mit dem Namen *Everybodys*[6] zur Hand und blätterte müßig darin herum. Plötzlich erregte ein Artikel meine Aufmerksamkeit und ich fand mich dabei wieder, wie ich über

---

5 Bechterew Krankheit; chronisch entzündliche Wirbelsäulenerkrankung rheumatischen Ursprungs, die meist mit einer starken Verkrümmung einhergeht.
6 Wortspiel (Doppelbedeutung): jedermann, jeder Körper

Mein Weg zur Radionik

'Wunderheilungen' für Menschen mit allen möglichen Krankheitsarten las. Ich war fasziniert, bezog das aber zunächst nicht auf mich selbst. Etwas brachte mich jedoch dazu, den Artikel nochmals zur Hand zu nehmen und zu lesen, und ich begann ernsthaft über diese 'Wunderheilungen' nachzudenken ... waren diese nicht gerade für Leute wie mich? Ich wagte kaum, mir mich geheilt vorzustellen - und in jedem Fall war der Schmerz, den ich aushielt, zu groß für mich, als dass ich mich dazu in der Lage sah, die Idee weiter zu verfolgen. Ich hatte gelernt, 'damit zu leben', seit 25 Jahren in die Hospitäler hinein und wieder herauszugehen und nichts konnte den unerbittlichen Fortschritt aufhalten. Der Gedanke nagte aber weiter an mir ... Nehmen wir an, ein Wunder dieser Art wäre für mich möglich? Meine Gedanken begannen zu jagen und schon war ich wieder bei dem Artikel. Wo war diese Klinik? In der Innenstadt von London. Das war nicht zu weit weg. Sollte ich gehen? Nun, ich war allein und hatte nichts zu tun. Ich könnte auch den Versuch machen, anstatt nur herumzusitzen und Trübsal zu blasen. Es könnte mir nicht wirklich schaden und gewiss hatte ich nichts zu verlieren. Im Magazin stand, dass die nächste Sitzung gerade an diesem Abend stattfand. Ich entschloss mich, obwohl es nur eine Chance von 1 : 1.000.000 war. Ich ging ohne unberechtigten Optimismus und ohne direkte Vorahnung einer Wunderwirkung.

Mein Ziel entpuppte sich als ein großes Haus am Russell Square im Londoner Westend mit einer Klinik im ersten Stock. Ich ging hinein und fand mich im Empfangsraum mit etwa 30 Leuten wieder, die dort saßen und geduldig warteten. Ich gab der Empfangsdame meinen Namen an und sie sagte, dass ich mich den anderen anschließen müsste und warten, bis ich dran wäre. Ich nahm Platz und beobachtete, was vorging. Das Verfahren schien Routine zu sein. Einer nach dem andern wurden die Leute aufgerufen und verschwanden hinter einem Vorhang, wo sie fünf bis zehn Minuten blieben. Sie gingen dann in um den Raum herum angeordnete Kabinen, in denen sie von Männern und Frauen in weißen Kitteln in Empfang genommen wurden. Nach weiteren etwa 20 Minuten tauchten sie wieder auf und gingen fort. Ich wartete eine Stunde bis ich dran war. Am Ende dieser Zeit hatte ich solche Schmerzen, dass ich dachte, ich könnte nicht länger bleiben. Ich ging zur Empfangsdame und erklärte ihr dies und sie sagte freundlich, „Gut, wir nehmen Sie als Nächsten dran." So wurde ich ein paar Minuten später hinter den großen Vorhang geführt. Der Raum, den ich betrat, war dunkel, es gab aber genug

Licht für mich, zu sehen, dass ich in Gegenwart einer großen Dame in einem weißen Kittel war. Sie stand, bedeutete mir aber, dass ich mich auf einen Stuhl vor ihr mit dem Rücken zu ihr setzen sollte. Ohne mich zu berühren fuhr sie langsam mit ihren Händen die ganze Länge meines Rückgrats ab. Nach ein paar Minuten sprach sie mit einem leicht ausländischen Akzent.

„Sie haben sich die Basis ihre Rückgrats verletzt, Sie haben Schwierigkeiten mit dem Zwölffingerdarm und Sie haben Hämorrhoiden."

Überrascht von der Genauigkeit ihrer Diagnose, dachte ich ... „Wie kann sie das wissen? Niemand weiß etwas über mich. Niemand wusste sogar, dass ich kommen würde, und ich habe kein Wort gesagt. Wo bin ich hier?"

Die Dame sprach wieder, „Es hat lange gedauert, bis Sie hergekommen sind, aber wir werden Sie heilen."

Ich konnten meinen Ohren kaum glauben. Das ganze musste ein Traum sein. Ich saß da, verblüfft und verwirrt, während die Dame einen Mann aus der Halle rief und ihm Anweisungen gab. Schließlich wandte sie sich an mich ... „ Gehen Sie mit Herrn Harris", sagte sie, „er wird Sie behandeln." Das war das Ende der erstaunlichsten fünf Minuten, die die ganze Richtung meines Lebens veränderten.

Herr Harris geleitete mich zu seiner Kabine. Seine Art war beruhigend klar und professionell.

„Bitte legen Sie den Mantel ab und legen sich auf die Couch."

Es hätte ein ganz normales Sprechzimmer oder Krankenhaus sein können. Er legte seine rechte Hand unter mein Kreuz und seine linke Hand auf meinen Magen. Ich hatte keine Ahnung, was ich erwarten sollte, fühlte aber sofort ein angenehmes Glühen meinen Körper durchdringen. In Minuten verschwand der akute Schmerz des Zwölffingerdarms.

Wundervoll, dachte ich, aber ich nehme nicht an, dass das hält, und was ist mit meinem Rücken? Als die halbstündige Behandlung vorüber war, wurde ich gebeten, in einer Woche wiederzukommen, und das hielt ich treu drei Monate lang ein. Am Ende dieser Zeit brach ein wundervoller Tag für mich an. Ich begriff, dass ich ganze 24 Stunden gelebt hatte, ohne auch nur wahrzunehmen, dass ich einen Körper hatte, geschweige denn einen grollenden.

Mein Weg zur Radionik

Bei meinem nächsten Besuch bei Herrn Harris fragte ich ihn, ob ich weiter kommen müsste. Seine Antwort war einleuchtend und ich habe mich seiner Anweisung viele Male bei meinen eigenen Patienten bedient. Was er sagte, war einfach und treffend.

„Die meisten Menschen bleiben weg, wenn der Schmerz weg ist, die Zellstruktur des Körpers ist aber noch nicht wiederhergestellt. Wenn Sie weise sind, bleiben Sie bei uns, bis wir Ihnen sagen, dass die Behandlung beendet ist."

Ich akzeptierte die Anweisung und fuhr damit fort, die Klinik weitere sechs Monate zu besuchen. Während dieser Zeit war ich dazu in der Lage, mit Herrn Harris viele Dinge zu besprechen, was geistige Lehren einschloss. Im Speziellen erinnere ich mich an diese Antwort auf meine Frage ... „Was wollen Sie, dass ich glaube?"

„Alles, worum ich Sie bitte," sagte er mir, „ist, dass Sie alles, was ich sage, so kritisch wie möglich betrachten."

Am Ende der neun Monate und am Tag meiner letzten Behandlung sagte er, „Sie werden diese Arbeit machen."

Ich antwortete, dass Versicherungen meine Richtung seien, nicht aber Heilung. Die Zeit bewies jedoch, dass er Recht hatte.

Lang bevor ich meine letzte Visite antrat, hatte ich natürlich den Namen der Dame herausgefunden, die am Anfang meine Diagnose gestellt hatte. Es war der Name der berühmten Spiritualistin, Lehrerin und des Mediums Ursula Roberts, und ihr, Herrn Harris und allen andern, die mir geholfen haben, gilt mein großer Dank.

Bis zu dieser Zeit, in der ich den Russell Square aufsuchte, hatte ich noch nie von Spiritualismus gehört geschweige denn mich dafür interessiert. Mir wurde erzählt, dass Fräulein Roberts während der Diagnose in Trance war, und dass ihr 'Führer' ihr gesagt hätte, was meine Schwierigkeiten waren. Meine Neugier war ernsthaft geweckt und ich machte mich während der Zeit, in der ich das Zentrum besuchte, daran, alles über dieses Thema zu lesen, was ich konnte. Ich wurde jedoch nie ein Spiritualist, weil ich meinte, dass ich auch eine Anzahl anderer Philosophien studieren müsste. Dann fand eine Reihe von Ereignissen statt, die sich wirklich wie ein Märchen anhören; so miteinander verwoben waren sie, dass ich überzeugt war, dass sie einfach so geschehen mussten.

Eines Tages besuchte ich eine örtliche Gartenpflanzschule um etwas Gemüse zu kaufen. Die Dame, der sie gehörte, war 1.80m groß, und zu der Zeit, als ich dort ankam, stand sie halb, halb saß sie offensichtlich mit Schmerzen gegen eine Bank gelehnt.

„Was ist los?", fragte ich.

„Oh, es ist mein Fußknöchel," antwortete sie.

Ich erinnerte mich an Herrn Harris Worte, „Sie werden diese Arbeit machen," und in einem Blitz sagte etwas in mir, „Hier ist dein erster Fall." Instinktiv versuchte ich die Idee abzulehnen. „Nein, nicht ich." Ich argumentierte mit mir selbst, „Ja ... Nein ... Ja," und sogar als ich dabei war, wusste ich, dass ich früher oder später die Herausforderung annehmen und gehorchen würde.

„Ziehen Sie Ihren Schuh aus," sagte ich mit meiner überzeugendsten Versicherungsstimme. Dann hielt ich ihren Knöchel einige Minuten in meiner rechten Hand. Ich hatte nicht die leiseste Ahnung, was passierte, aber ich hörte mich selbst sagen, „Sie werden jetzt in Ordnung sein," und überwältigt von meiner Kühnheit floh ich. Sie hatte kein Wort gesagt.

Am nächsten Morgen nahm ich meinen Mut zusammen und kehrte zur Gartenschule zurück, nur um festzustellen, dass sie nicht mit mir sprechen würde. Ich ließ nicht locker und besuchte sie am zweiten Tag voller Angst erneut und fragte, „Wie geht es Ihrem Knöchel heute?" Zu meiner höchsten Erleichterung lächelte sie tatsächlich.

„Gestern ging es meinem Knöchel viel schlechter, aber heute habe ich überhaupt keine Schmerzen."

Ich bat sie, mir die Geschichte zu erzählen. „Vor zwei Jahren," sagte sie, „stürzte ich schwer und seit dieser Zeit habe ich wegen aller möglichen Arten medizinischer Behandlungen keinen guten Schlaf mehr."

Sechs Monate später überprüfte ich die Dame nochmals und sie erzählte mir, dass ihr Fußknöchel ihr keine Schmerzen mehr bereitet hatte. Sie hatte tatsächlich alles vergessen, bis ich sie daran erinnerte.

Mein Weg zur Radionik

Diese Geschichte war meine erste Heilererfahrung ... was mir passiert war, geschah nun durch mich. Ich würde nie wieder derselbe sein. Die Zwei-Wege-Erfahrung war nicht nur ein Teil von mir, sondern änderte auch meine ganze Lebenssicht, und keine noch so kräftigen Argumente gegen solche Phänomene würden mich je überzeugen, dass dies nicht geschehen könnte oder geschehen ist.

Meine zweite Erfahrung kam ein paar Tage später, als unser Milchmann den Weg zu unserer Haustür hinauf humpelte. Ich sah gerade aus dem Fenster und ging hinaus, um ihm zu begegnen.

„Was ist mit Ihrem Bein?" fragte ich.

„Oh, es ist nicht mein Bein. Es ist mein Rücken. Er ist bockig." Jetzt geht es wieder los, sagte die innere Stimme.

„Kommen Sie in die Halle," bat ich und sicher außer Sichtweite legte ich meine Hand auf sein Gesäß.

Nach ein paar Minuten rief er, „Halt Meister, was haben Sie in der Hand? Wie elektrisches Feuer ist Ihre Hand, aber der Schmerz geht." Er begann sich zu dehnen und sein Bein vorsichtig zu bewegen und fünf Minuten danach ging er glücklich weg, um seine Runde zu fertig zu machen.

Am nächsten Tag passte ich ihn ab und fragte ihn, wie es seinem Rücken ging und er erzählte mir seine Geschichte. „Um die Wahrheit zu sagen, als Sie mich gestern in Ihr Haus riefen, war ich soweit, zu fragen, ob ich Ihr Telefon benutzen dürfte, um frei zu bekommen. Ich fühlte mich, als ob ich keinen Schritt mehr weitergehen konnte."

„Und wie sind Sie zurechtgekommen, nachdem Sie hier weggegangen waren?"

„Nun, ich war etwas steif bis zum Ende der Straße, aber dann, seltsam, habe ich alles vergessen. Vielen Dank."

Meine dritte Erfahrung kam im Gefolge dieser beiden schnell. Ich wurde gebeten, mir einen Mann in der Nachbarschaft anzusehen. Als ich dort ankam, saß er im Esszimmer und sah ganz elend aus. Auf meine Frage antwortete er, „Ich habe eine offene Wunde an meinem Fußknöchel. Ich bin für eine Kur vorgesehen, aber die nehmen mich nicht mit einer offenen Wunde."

Sein Knöchel war mit einem Verband bedeckt und ich musste durch diesen hindurch arbeiten. Sehr behutsam legte ich meine Hand einige Minuten auf die Bandage.

„Ich komme in ein paar Tagen wieder," versprach ich.

Als ich zurückkam, um mein Versprechen einzulösen, öffnete mir seine Frau die Tür, und bevor ich auch nur nach ihrem Mann fragen konnte, schrie sie aufgeregt, „Er ist weg! Er ist weg!"

„Aber das kann er nicht," rief ich aus, „Er hat eine offene Wunde. Er erzählte mir, sie würden ihn nicht nehmen."

„Er ist trotzdem gegangen," sagte sie triumphierend, „Nachdem Sie ihn 'abgefertigt' hatten, war die Wunde am nächsten Morgen vollständig geschlossen."

Diese Ereignisse hinterließen in mir eine geistige Benommenheit, ich grübelte über meine drei Heilererlebnisse .. einen verstauchten Knöchel ... einen Hexenschuss ... eine offene Wunde. Jetzt war ich richtig wissensdurstig. Ich wollte prinzipiell wissen, was die Heilung funktionieren ließ. Das wurde eine brennende Frage für mich und die Suche nach der Antwort wurde zu meinem überragenden Lebensziel. Ich wollte wissen, was Heilung überhaupt ist, und wie in scheinbar hoffnungslosen Fällen die Gesundheit wiederhergestellt werden kann.

Gab es da, fragte ich mich, Gesetze, die mit Gesundheit und Krankheit in Beziehung stehen, die dem Medizinberuf unbekannt sind? Wer war auf diesem Gebiet qualifiziert, und gab es irgendwelche besonderen Abläufe dabei? Ich fand im weiteren Verlauf Antworten auf meine Fragen, ich musste aber lernen, dass persönliche Erfahrungen einen dazu in die Lage versetzen, mit überzeugender Autorität zu sprechen.

Mein Weg zur Radionik

Wenn mir jemand zum Beispiel sagt, „Ich habe seit Jahren Schmerzen!", kann ich mit Überzeugung sagen, „Ich weiß, ich kenne das." Und wenn jemand sagt, „Mein Arzt hat gesagt, ich muss lernen, damit zu leben. Es gibt nichts mehr, das ich für Sie tun kann", kann ich antworten, „Das ist wahrscheinlich nicht der Fall, ich wurde nämlich von einer unheilbaren Erkrankung geheilt."

Während ich mich fragte, wohin ich mich wegen meiner Nachforschungen wenden sollte, brachte ein einfacher Zufall die Richtung meiner Gedanken zurück zum Spiritualismus. Ich fuhr eines Tages von Chiswick nach London, als ich einen jungen Mann sah, mit dem ich gelegentlich Kontakt hatte. Wir kannten uns nicht allzu gut, ich hielt aber an und bot ihm an, ihn mitzunehmen. Wir waren kaum losgefahren, da wandte er sich mir zu und fragte mich, ob ich wüsste, dass in einer nahe gelegenen Straße ein spiritualistisches Zentrum läge. Dies war zwei Straßen von meinem Haus entfernt. Ich antwortete, dass mir das nicht bekannt sei, notierte mir aber die Adresse. Der Punkt war, dass keiner von uns wusste, dass der andere eine Neigung zu dem Thema hatte. Ich sah ihn nie wieder.

Ich nahm seine Bemerkung als Hinweis - folgte ihm und besuchte das Zentrum. Dort schloss ich mich der Klasse eines Heilers an, der dort einen Abend pro Woche arbeitete

Zur gleichen Zeit fuhr ich mit meinen Forschungen über die anderen Seiten des Spiritualismus fort, indem ich an einer Reihe von 'Seancen mit Durchgaben' teilnahm. So äußerst kritisch, wie ich zu sein versuchte, fand ich mich doch von vielen der fremdartigen Phänomene, die während einer Sitzung vorkamen, gefesselt.

Zum Beispiel gab es da am Anfang eine seltsame kalte Brise um unsere Füße herum; immer wirbelten Trompeten um die Decke herum; während bei einigen Gelegenheiten der Raum mit einem widerlichen, aber definitiv nichtphysischen 'Odeur' gefüllt war. Einmal fühlten wir Feuchtigkeit wie Regen über uns kommen und als das Licht wieder angemacht wurde und wir unsere Kleidung untersuchten, war sie feucht. Diese Phänomene schienen mir jenseits normaler physischer Erfahrung zu liegen und erklärungsbedürftig zu sein. Zu dieser Zeit, während oder nach den Sitzungen, wurden jedoch nie welche gegeben.

Zurück zu meiner Geschichte von Ereignissen. Eines Tages betrat ich unsere örtliche Apotheke und die Besitzerin kam nach vorne. Sie sah mich geradewegs an und sagte, bevor ich ihr sagen konnte, was ich wollte, „Sie sollten ein Pendel benutzen." Dann ging sie ohne ein weiteres Wort in ihre Räume zurück.

Ich hatte keine Ahnung, von was sie da gesprochen hatte und sagte ihr das auch, sie aber verlor kein einziges Wort mehr darüber. Ich dachte, sie hätte es nicht so gemeint und vergaß den Vorfall prompt. Aber bald darauf las ich ein Journal, das sich über eine Broschüre mit dem Namen 'Das Pendel' auslieβ, und ich forderte natürlich eine an. Dies war die monatlich erscheinende *Revue of Radiesthesia*[7], begründet von Lt. Col. F.A. Archdale. Die erste Ausgabe erschien im Oktober 1950. Sie ist unschätzbar wertvoll für jeden, der sich für unsere Themen interessiert, weil sie sehr verständlich geschrieben ist. Zum Beispiel haben wir in der ersten Ausgabe ... Neues aus dem Ausland; Seriennummern; Fundamentale Strahlen; Die 'Mager Rosette' und der Kompass; Testen von Erde; Strahlen 'in Flaschen'; Persönliche Farben; Farben und Musiknoten; Örtliche Strahlen und Geister; Radiästhesie und Krieg; Radioniktherapie. Kein Thema wurde ausgelassen.

Später wurde unter anderen Egerton Sykes, F.R.G.S., F.I.I.A. Mitherausgeber. Das Magazin erschien bis Jahrgang 16, Nummer 11 Juli 1967.

Archdale schrieb auch das exzellente Büchlein *Elementary Radiesthesia and the use of the Pendulum*[8].

Ich fand in dem Magazin einen Artikel, der neue Techniken der Diagnose von Krankheiten von einer Dr. Mary Walker aus Oxford beschrieb. Es enthielt auch Anleitungen zur Herstellung eines eigenen Pendels. Ich entschied, dass ich eins machen müsste und so stibitzte ich eine Baumwollgarnrolle aus dem Nähkorb meiner Frau und einen hölzernen Fleischspieß aus der Küchenschublade. Ich nahm beides mit in den Park und kürzte das eine Ende der Rolle bis zu einem gewissen Grad. Dann stieß ich den hölzernen Spieß durch das Zentrum der Rolle, machte ein kleines Loch in das Ende für einen Faden, nahm es mit nach Hause, malte es schwarz an und siehe da, ich hatte mein erstes Pendel gemacht. Es wurde seitdem ständig und effektiv benutzt.

---

7 Revue der Radiästhesie
8 Elementare Radiästhesie und der Gebrauch des Pendels

Mein Weg zur Radionik

Der Artikel, der mich angeregt hatte, enthielt eine Notiz über einen Kurs, der von Dr. Walker in Chelsea abgehalten werden sollte, in dem sie ihre neuen Methoden beschreiben wollte. Dies schien eine zu gute Gelegenheit zu sein, als dass ich sie verpassen dürfte. So ging ich also hin und war so beeindruckt von dem, was sie zu sagen hatte, dass ich, als sie geendet hatte, ihr sagte, wie interessiert ich sei, und dies führte zu einer Einladung, ihrer Gruppe in Oxford beizutreten.

Natürlich hatte ich nur wenig Ahnung davon, auf was ich mich einließ, ich war aber davon überzeugt, dass es richtig war, hinzugehen und herauszufinden, ob das, was sie lehrte, für mich das Richtige war. Ich war hoch erfreut, festzustellen, dass ich viel lernte.

An diesem entscheidenden grausamen Punkt wurde mein Leben durch eine Scheidung gesprengt. Mein Geschäft kollabierte und so war ich im Alter von 45 Jahren mittellos. Ich zog in eine Einzimmerwohnung in einem Armenviertel von London um und existierte von £1.50 Stempelgeld in der Woche. Wie ich das Schicksal verfluchte, dass es mich so beutelte! Warum sollte mir das passieren, gerade zu einer Zeit, als die Ereignisse mein Leben in Richtung einer echten Berufung zu lenken schienen? Ich fühlte mich ganz allein und meine Gedanken an die Zukunft waren bitter.

Was lag vor mir? Wie sollte ich meinen Lebensunterhalt verdienen? In den Augen möglicher Arbeitgeber war ich 'zu alt'. Aber schließlich bekam ich einen kleinen Bürojob und ich war in der Lage, mein Leben wieder aufzunehmen.

Ich ging zu der Dame aus Oxford zurück und konnte ein Radionikinstrument und ein Anleitungsbuch kaufen. In meinem kleinen Raum arbeitete und experimentierte ich Abend für Abend. Manchmal gelang es mir, eine erfolgreiche Diagnose zu stellen; bei anderen war völlige Frustration die einzige Antwort und ich wollte die 'Kiste' schon aus dem Fenster werfen. Ich behielt aber die Besuche in Oxford bei, wo ich schließlich erkannte, dass das, was ich wirklich brauchte, ein Buch war, das Dr. Walker mir gezeigt hatte, privat veröffentlicht von Dr. Ruth B. Drown aus Amerika, eine der Erfinderinnen der Radionik. Der Titel lautete *Theory and Technique of the Drown Radio Therapy*[9]. Dr. Walker konnte mir ihre Ausgabe nicht geben und sie hatte kei-

---
9 Theorie und Technik der Drown Radio Therapie, 2001 im Radionik Verlag

ne andere zur Verfügung, also schaltete ich Anzeigen in Journalen, suchte Antiquariate ab und stellte endlos Fragen an alle, die ich kannte. Einer wie der andere gaben mir die gleiche Antwort, 'ganz unerreichbar'.

Plötzlich wurde mir ein Zimmer im Erdgeschoss eines Hauses in der Baker Street angeboten, das von einer Dame geführt wurde, dessen verstorbener Gatte von Dr. Drown geschult worden war. Es war eine Verbesserung meiner Lage, für die ich sehr dankbar war, besonders, weil sie mir die Gelegenheit gab, mit jemandem radionische Gespräche zu führen, der in London lebte. Meine Besuche in Oxford waren nun nicht mehr notwendig und ich stellte sie ein.

Mit meinen wenigen Sachen zog ich in mein neues Quartier um und in ein neues Kapitel von Ereignissen. Bei meiner Ankunft wurde ich von einer Hauswirtschafterin in einem eleganten weißen Mantel begrüßt. Sie zeigte mir mein Zimmer und auf dem Weg dorthin erzählte sie mir die traurige Geschichte, wie sie sich an diesem Tag die Hand verbrannt hatte, worüber sie sehr besorgt war, weil sie zu den Personen gehörte, deren Heilung nie schnell geht.

Sie nahm den Verband ab und zeigte mir alles. Es war eine sehr schlimme Verbrennung. Sie nervte mich weiter damit und so kam es, nur um sie loszuwerden, dass ich meine Hand für einen oder zwei Momente leicht auf die ihre legte und sagte, „Das könnte helfen." Zu meiner Erleichterung befriedigte sie die kleine Konzession und sie ließ mich zum Auspacken allein. Das Ergebnis war überraschend. Am nächsten Morgen eilte sie in meinen Raum und rief aufgeregt, „Es ist geheilt! Es ist geheilt! Wunderbar! Sie kamen in der Nacht und ich sah Sie das tun!. Was soll ich jetzt machen?"

Ich sagte, sie könnte es, wenn sie wollte, der Dame oben, einer Physiotherapeutin, zeigen. Später am Tage bat mich die Dame nach oben und wir hatten eine, was mich betrifft, weitere bedeutsame Unterhaltung. Schließlich kam der Tag, an dem sie einen weiteren Hinweis für mich hatte. Sie riet mir, Mary Leigh in Wimbledon aufzusuchen.

„Und wer ist sie?" fragte ich.

„Eine weise alte Dame von 70 Jahren, die viel Wissen über Radiästhesie hat." Eine 70jährige Dame klang nicht so, als wenn sie besonders hilfreich sein könnte, aber ich machte einen Termin mit ihr aus, reiste nach Wimbledon und

Mein Weg zur Radionik

kam eines Nachmittags um ungefähr vier Uhr an ihrem Haus an. Die alte Dame stellte sich als sehr lebendig heraus mit einer außergewöhnlichen persönlichen Wärme. Sie führte mich geradewegs in ihren Garten, wo ein herrlich altertümliches Teeservice aufgedeckt war, und das Thema, an dem mir am meisten lag, musste geduldig auf gebuttertes Teegebäck und Fruchtkuchen warten.

Schließlich begann sie über Radiästhesie zu sprechen und ihre eröffnenden Bemerkungen ließen mich fast vom Stuhl fallen. Sie deutete auf einen Tisch neben sich und sagte, „Das ist das Buch, nach dem Sie suchen, nicht wahr?" Ich sah hin und es war es.

„Sie können es haben, weil ich verstehe, dass Sie die Heilkunst durch diese Methode erlernen wollen. Wenn Sie wollen, will ich Sie lehren, was ich weiß."

Ich war so überwältigt, dass ich für eine Weile sprachlos war. Sie redete weiter, bis ich schließlich in der Lage war, zu stottern, „Was wird mich das kosten?"

„Nichts," kam die erstaunliche Antwort. „Ich wurde durch Dr. Drown und ihre Technik in Amerika geheilt, und weil ich private Mittel habe und nicht arbeiten muss, gebe ich das bisschen, das mir beigebracht wurde, kostenlos in Dankbarkeit weiter."

Natürlich entdeckte ich bald, dass sie einen großen Teil wusste, weil sie nicht nur Studentin von Dr. Drown und ihren Methoden war und das erste ihrer Instrumente nach England brachte, sondern auch eine persönliche Freundin. Sie war es, die solche frühen Pioniere wie Dr. Mary Walker, Mable Lloyd und Ruby Hodgson angestoßen hatten. Alle waren qualifizierte Chiropraktiker und in direktem Kontakt mit Dr. Drown, als sie England besuchte.

So begann meine Lehre. Regelmäßig *einen Nachmittag in der Woche* fuhr ich nach Wimbledon. Dort rangen wir für zwei oder drei Stunden um die Techniken der Radiästhesie, wie es damals genannt wurde, diskutierten über ihr Instrument und führten Tests damit durch. Das war ein Jahr! *52 persönliche Lehrstunden.* Am Ende konnte ich mit Berechtigung sagen, dass ich ein sorgfältiges Fundament in dem Werk gelegt hatte, und Mary Leigh konnte mir folgendes Zeugnis ausstellen.

19

Meine Suche nach radionischen Wahrheiten

Mary M. Leigh

Mary M. Leigh : 5 Clifton Road, Wimbledon, SW19

„Herr R. M. Denning hat bei mir in den letzten paar Monaten einen der Wege studiert, auf denen einige der Drown Instrumente zur Linderung von Leiden und der Zurückführung von Invaliden in Zustände guter Gesundheit benutzt werden können. Ich habe unsere Diskussionen sehr genossen.
Ich repräsentiere in keinster Weise Dr. Ruth B. Drowns Entdeckungen auf dem Gebiet der Bioradiologie, ihre Arbeit oder ihre Philosophie, aber für einige Monate habe ich zu ihrer Zufriedenheit in ihrer Klinik in Kalifornien studiert und danach das erste ihrer Instrumente nach England importiert.
Das war 1937. Seitdem haben viele andere, darunter viele Professionelle, gelernt, diese und ähnliche Instrumente gut zu nutzen. Ich bin eine Freundin von Dr. Drown und korrespondiere regelmäßig mit ihr, und ich kann mich sicher auf Herrn Dennings Anwendung seiner Instrumente verlassen."

Unterschrift

27.8.1954   Mary M. Leigh

Allmählich kamen Patienten, ich hatte aber nur ein Behandlungsinstrument. Ich hatte etwas Geld gespart und so kaufte ich ein weiteres, das der Mann meiner Physiotherapeutin benutzt hatte und das mich in die Lage versetzte, fünf Patienten gleichzeitig zu behandeln.

Mein Tutor hatte mir erzählt, dass es vier große Instrumente im Lande gäbe, deren Behandlungskapazität 50 Patienten betrug, und durch einen glücklichen Umstand erfuhr ich aus einer anderen Quelle, dass eins davon zum Verkauf stand. Ich erwähnte das bei Mary Leigh, die darauf sagte, „Nun, ich kenne alle vier persönlich und ich bin sicher, dass keiner so dumm sein wird, zu verkaufen, ich will ihnen aber schreiben und wir werden sehen, was herauskommt."

Eine Rückantwort kam. „Ja, ich verkaufe mein Instrument, aber der Zuschlag ist schon vergeben."

Meine Hoffnungen sanken. Aber eine Woche später kam ein Brief für mich.

„Zuschlag nicht wahrgenommen ... Sie können das Instrument haben. Bitte holen Sie es sofort ab."

Ich hätte nicht begieriger darauf sein können, als gerade das zu tun, ich hatte aber nur £20 auf der Bank, was vollkommen unzulänglich war, als ich erfuhr, dass das Instrument dreistellig bewertet war. Sollte ich mein Guthaben als Einlage schicken? Ich entschied, dass es das wert war und meine wertvollen Rücklagen entschwanden.

Man stelle sich meinen Schrecken vor, als ich im Gegenzug die Antwort erhielt und mein Scheck aus dem Umschlag fiel. Ich dachte, mein Angebot wäre zurückgewiesen worden. Dann las ich den Begleitzettel. „Ich sagte, Sie können das Instrument haben ... zahlen Sie, wann Sie können."

Hier schien es ein unlösbares Problem zu geben, aber das folgende Wochenende verbrachte ich mit einigen Freunden, die an dem interessiert waren, was ich tat. Um ungefähr neun Uhr abends und obwohl wir nicht einmal über Geld gesprochen hatten, sagte mein Gastgeber, „Du willst etwas Geld, nicht wahr?"

„Ja," antwortete ich schnell, und dachte dabei, dass er eine Art Scherz machte, und nannte leichtfertig die dreistellige Summe, die es mir ermöglichen würde, das kostbare Instrument zu kaufen.

Zu meinem Erstaunen und ohne ein weiteres Wort setzte er sich hin und schrieb einen Scheck mit der magischen Zahl aus. „Dies ist eine zinsloses Darlehen. Zahl' es mir zurück, wenn du kannst."

Unglaublich, der Schatz gehörte schließlich mir.

Unnötig zu sagen, dass ich das als ein weiteres Zeichen ansah, dass ich mit der Radionik weitermachen sollte, vielleicht auf Vollzeitbasis. Ich hatte meine Instrumente, ich hatte mein Training und viel Information. Ich war für den

Heilerweg gut ausgerüstet. Die einzige immer noch nicht beantwortete Frage war, wie das alles funktioniert. Damit beschäftigt wartete ich auf etwas, das mir zeigte, wo ich nach Führung Ausschau halten sollte. Die Zeit verging und eines Tages wurde mir von einer Organisation namens *The Theosophical Society*[10] erzählt, und mir wurde angedeutet, dass ich bei ihnen die Antworten finden könnte, die ich so sehr verlangte. Schnell wurde mir klar, dass niemand in der Gesellschaft an meinen Themen interessiert war, aber ich wusste, dass jeder Kontakt früher oder später einen Wert hat und dass dies alles ein Teil eines größeren Plans war, den ich nicht begreifen konnte.

---

10 Theosophische Gesellschaft

Meine Suche nach radionischen Wahrheiten

2

Außersinnliche Wahrnehmung: Eine natürliche Funktion

Meine Erforschung der Seancen, beschrieben im vorigen Kapitel, machten mir klar, dass es Formen von Bewusstsein gibt, die, physikalisch gesprochen, abnormale und ungewöhnliche Phänomene sind. Als ich sie erlebt hatte, wollte ich wissen, ob sie wirklich abnormal waren, oder ob sie auf eine mehr rationale geerdete Basis gestellt werden können. Es gab viel Publicity in Büchern, im Radio und im Fernsehen, aber normalerweise umgeben von einer mystischen Aura und Skepsis. Ich fragte mich ... Kann ASW[11] eine normale Eigenschaft des Lebens sein? Einige meiner Erlebnisse deuteten darauf hin, dass sie in den Rahmen der Fakten und nicht in den der Fiktion gehörten.

Zum Beispiel wurde ein Dame in den frühen Vierzigern zu mir geschickt, weil sie eine höchst ungewöhnliche und unerfreuliche Beschwerde hatte, der die Ärzte hilflos gegenüberstanden. Zu bestimmten Zeiten gab sie einen höchst unerfreulichen Duft ab. Es war kein erkennbarer Geruch und seine Schärfe war so stark, dass die Anwesenden den Raum verlassen mussten, in dem sie saß. Das trat nicht regelmäßig auf und sie wusste nie, wann es wieder passieren könnte. Als sie mir die Geschichte erzählte, war ich mir von meinen Seancesitzungen her ziemlich sicher, dass diese quälende Beschwerde ein übersinnliches Phänomen war. Bei ihrem zweiten Besuch fragte ich sie, ob sie mir irgend einen Hinweis oder eine Zeit angeben könnte, an dem es ausgelöst worden sein könnte oder wann es begann.

Ihre Antwort war erhellend und sehr interessant.

---

11 Außersinnliche Wahrnehmung

Meine Suche nach radionischen Wahrheiten

„Oh ja," sagte sie, „ich kann Ihnen genau sagen, wann es begann. Ich war in den Ferien am Meer und kam gerade aus einem Café und spazierte zum etwas mehr als 60 Meter entfernten Strand. Gerade als ich ihn erreichte, hörte ich einen dumpfen Schlag hinter mir. Ich drehte mich um, um nachzusehen, was das war, und sah, dass eine alte Dame, die ich im Café gesehen hatte, hingefallen war und etwas, das ich nur als 'schwarzes Ding' beschreiben kann, sie verließ, kam und auf meinem Rücken landete. Seitdem hatte ich diese Schwierigkeiten."

Nachdem ich diese Geschichte gehört hatte, war ich sicher, dass ich auf dem richtigen Weg war, und begann sie radionisch zu behandeln, was einen leichten Erfolg brachte. Ich war aber nicht glücklich damit, nur die beste Behandlung gefunden zu haben und da ich nicht hellsichtig bin, rief ich eine erfahrene Seherin an und bat sie zu kommen und sich meine Patientin anzusehen. Sie kam und als wir uns gesetzt hatten, erklärte ich, „Diese Dame hat ein hartnäckiges Problem, das sie nicht los wird."

Das war die Information, die ich meiner Freundin gab. Ohne zu zögern erwiderte sie: „Diese Dame hat eine schwarze Wesenheit auf ihrem Rücken, die die Schwierigkeit verursacht," und sie fuhr damit fort, detailliert zu beschreiben, was sie 'sah'.

Meine Patientin bestätigte, dass ihre Beschreibung vollkommen korrekt war. Zusammen waren wir in der Lage, sie effektiv zu behandeln und sie hatte danach keine Schwierigkeiten mehr.

Ein weiteres mich beeindruckendes Erlebnis hatte ich, als ich in einem möblierten Zimmer in Kensington wohnte. Mein Zimmer befand sich im Erdgeschoss eines großen Hauses, das von zwei schweizerischen Damen geführt wurde, die ihre Schneiderei im Keller betrieben und auch dort wohnten. Eines Nachmittags kehrte ich in mein Zimmer zurück und fand es zu meinem Schrecken mit Rauch gefüllt. Instinktiv eilte ich zum Fenster und riss es auf, danach die Treppe hinunter, um die Damen zu warnen, dass da Feuer im Haus war.

Außersinnliche Wahrnehmung: Eine natürliche Funktion

Natürlich rannten wir alle in meinen Raum zurück, um nachzuprüfen, wie schwerwiegend das Feuer sein könnte, als wir aber dort ankamen, war der Rauch verschwunden! Verwirrt gingen die Damen wieder nach unten und ich ging aus.

Zwei Tage später erhielten die Damen einen Brief aus der Schweiz, in dem berichtet wurde, dass ihr Bruder gestorben war, und es stellte sich heraus, dass sein Tod zu exakt der Zeit eintrat, als ich den Rauch sah. Sie erzählten mir, dass er bei der letzten Gelegenheit, bei der er seine Schwestern besuchte, in meinem Raum geschlafen hatte!

Ein weiteres Beispiel war, als ich abends unterwegs zu einem Treffen war und ich mich plötzlich 'neben mir selbst herlaufen' sah. Ich hatte vorher noch keine Erfahrung mit außerkörperlichen Phänomenen, ich wusste aber, dass dies nicht außergewöhnlich war. Zur gleichen Zeit war ich so erschrocken, dass ich ziemlich flink in meinen Körper zurück sprang!

Meine endgültige Bekehrung zur übersinnlichen Welt kam mit den Schriften von Dr. S. Karagulla MD[12] aus ihrem Buch *Breakthrough to Creativity*[13] und speziell aus einigen Kurzgeschichten im Kapitel 'Wahre Geschichten phantastischer Leute'. Diese überzeugten mich, dass außersinnliche Erlebnisse als Teil des normalen Lebens akzeptiert werden können. Ich zitiere ein paar Beispiele aus ihrem Buch:

„Bei einer Gelegenheit lud mich Kay für den Abend in das Haus eines Arztes ein, der an Wahrnehmung mit Höheren Sinnen interessiert war. Dabei war auch ein junger Wissenschaftler, der sich in der wissenschaftlichen Welt einen guten Ruf erworben hatte. Er hatte bereits eine Anzahl von Entwicklungen

---

12 Medical Doctor = Arzt
13 Durchbruch zur Kreativität

und Entdeckungen auf seiner Habenseite. Sowohl der Wissenschaftler als auch der Arzt waren an Kraftfeldern interessiert, sowohl an solchen, die mit gegenwärtiger Instrumentierung wahrgenommen werden konnten, als auch mögliche Felder, die noch nicht entdeckt waren. Während des Verlaufs des Abends erfuhr ich, dass der Wissenschaftler in der Forschung engagiert war, die sich mit Raumplattformen beschäftigt. Er sagte mir schließlich frei heraus, aber ohne dass es aufgezeichnet wurde, dass er seine allerbesten Ideen von einem Individuum mit Wahrnehmung durch Höhere Sinne bekommen hatte. Er hatte keine Hemmungen, Leute mit HSP[14]-Fähigkeiten aufzusuchen. Er meinte, dass einige der Ideen, die ihm von solchen Leuten gegeben wurden, von großem Wert waren, als sie im Labor getestet wurden. Solche Informationen sparten ihm viel Zeit, die sonst für die Versuch & Irrtum Forschungsmethode hätte aufgewendet werden müssen.

Die ihm gegebenen Ideen versetzten ihn in die Lage, eine korrekte Forschungslinie zu finden und auf einmal abzuarbeiten. Er führte einige seiner exzellenten Fortschritte in seiner Forschung und seinen Entdeckungen und seine rasche Promotion auf Informationen zurück, die ihm von jenen mit HSP gegeben wurden."

„Doktor George, ein berühmter Chirurg mit Patienten aus allen Teilen der Welt, wurde letztlich zu einer Diskussion über HSP verleitet. Er zeigte bei seinen HSP-Fähigkeiten ein etwas anderes Muster.

Er hatte nicht nur bemerkenswerte Fähigkeiten für die Diagnose, er konnte auch oft Ereignisse vorhersehen, die mit seinen Patienten zu tun hatten. Er wusste, wann ein Patient eine Operation überleben und davon profitieren konnte. Er wusste ebenfalls, gleich wie exzellent die Prognose war, wann ein Patient die Operation nicht überleben konnte. Manchmal operierte er, wenn seine Berater für den Fall es nicht klug für einen Arzt fanden, das Risiko einer Operation einzugehen. Solche Patienten erholten sich stets.

---

14 Higher Sense Perception = Wahrnehmung mit Höheren Sinnen

Außersinnliche Wahrnehmung: Eine natürliche Funktion

Bei einer Gelegenheit war er in den Operationssaal gegangen und sein Assistent bereitete den Einschnitt vor. Dr. George änderte plötzlich seine Meinung darüber, wo der Schnitt anzusetzen wäre. Trotz des Protests seines Chirurgieassistenten markierte er den Einschnitt an anderer Stelle, wobei er erklärte, dass man eine Arterie in dem Gebiet treffen würde, das zuerst markiert war. Sein Assistent protestierte, es könne unmöglich eine Arterie in diesem Gebiet liegen. Er war erregt und betroffen, dass Dr. George so dachte. Als der Patient jedoch geöffnet wurde, gab es da eine spezielle Anomalie. Die Arterie war am falschen Platz. Wenn der Einschnitt an der zuerst vorgesehenen Stelle gemacht worden wäre, hätten sie die Arterie zu plötzlich getroffen, um den Patienten noch zu retten."

„Ich suchte weiter nach möglichst vielen Menschen mit verschiedenen Typen von HSP und studierte und erforschte ihre Fähigkeiten. Meine Freundin Vicki gab schließlich ihren Widerstand auf und beschrieb ein Erlebnis, das sie ihr ganzes Leben begleitete. Von Zeit zu Zeit und manchmal ganze Wochen und Monate lang ging sie regelmäßig in Schulungen, nachts wenn sie schlief. Sie konnte beim Erwachen Wort für Wort der gegebenen Lektionen und die Demonstrationen wiedergeben, die gemacht wurden. Sie nahm an, dass das Material dieser Lektionen irgendwo in Büchern verfügbar sein müsste. Der Punkt war, dass sie diese Bücher nie gelesen hatte.

Von Zeit zu Zeit las sie Berichte von neueren wissenschaftlichen Theorien oder Entdeckungen, die zum erstenmal abgedruckt wurden, von denen sie aber in ihrem 'Nachtunterricht' Monate oder sogar Jahre zuvor gehört hatte. Sie findet diese Art der Erfahrung ein interessantes Phänomen, sagt aber nichts darüber. Sie ist Präsidentin einer Handelsgesellschaft und kann es sich nicht leisten, in den Augen anderer Leute seltsam zu erscheinen.

Ich überredete sie schließlich, diesen Unterricht mit mir in größerem Detail zu diskutieren. Sie erklärte, dass er sich von einem Traum darin unterscheide, dass der Vortrag vom Lehrer in einer klaren und geordneten Reihenfolge abläuft. Manchmal werden Lehrhilfsmittel benutzt oder es gibt Labordemonstrationen. Sie fällt in Schlaf und scheint sich fast unmittelbar darauf auf dem Campus oder in einem Gebäude oder einer Klasse der Universität wiederzufinden. Die Architektur ist einfach aber unähnlich jedem Gebäude, das sie mit wachem Bewusstsein gesehen hat.

Die Demonstrationen oder Lehrmittel sind etwas, das sie 'Gedankenformen' nennt. Der Lehrer oder Vortragende bringt in die Luft vor ihm plötzlich dreidimensionale Modelle, die er willentlich drehen oder verändern kann. Die Modelle werden augenblicklich vergrößert oder verkleinert, wie der Lehrer das wünscht, um einen Punkt der Lektion zu demonstrieren.

Als sie die Lektion über das Atom besuchte, wurden schematische Modelle gezeigt, auch Modelle, die nicht so aussahen wie irgend etwas, das sie schon vorher gesehen hatte. Diese Modelle können sich bewegen oder zur Betrachtung angehalten werden ... Vickis Eindruck war, dass ihre Mitschüler Wissenschaftler aus verschiedenen Ländern waren. Die Lektion dauerte einige Zeit und wenn sie am Morgen erwachte, brauchte sie eine Stunde, um sie Wort für Wort zu diktieren."

„Einen meiner interessantesten Kontakte hatte ich mit einem Apotheker, einem Eingeborenen der Kanarischen Inseln. Er sprach Englisch mit merkwürdigen Idiomen und mit entschiedenem Akzent. Er hatte einige interessante Entdeckungen gemacht und jemand meinte zu mir, dass er ein Hellsichtiger sein könnte. Bemerkungen, die er über seine Entdeckungen machte, scheinen auch auf diese Möglichkeit hinzudeuten. Am Anfang meiner Unterhaltung mit ihm fragte ich ihn frei heraus, ob er ein Hellsichtiger wäre. Er war erstaunt und versicherte mir, dass er keiner sei.

Wir unterhielten uns für einige Stunden weiter über seine Entdeckungen. Ich war gerade zu dem Schluss gekommen, dass er keine HSP hatte, als ich eine weitere Hauptfrage stellte. Wie machte er seine Entdeckungen? Er erwiderte in seiner seltsamen Sprache, „Oh, ich sehe mich das tun."

„Was meinen Sie damit, ich sehe mich das tun?" fragte ich verwirrt.

„Ich sehe mich das tun, wie Fernsehen, wie in einem Film," sagte er.

„Sie meinen, Sie sehen das in ihrem Geist?" fragte ich.

Außersinnliche Wahrnehmung: Eine natürliche Funktion

„Nein, nein. Wie auf einer Wand vor mir, wie ein Film auf einer Wand." Augenscheinlich dachte er, dass dies nichts Ungewöhnliches wäre, und so fuhr ich vorsichtig fort.

„Wie lange können Sie das schon?" fragte ich.

„Seit ich sehr klein war, auf den Kanarischen Inseln. Lange bevor es das Fernsehen gab, hatte ich mein eigenes Fernsehen. Ich sehe Dinge an vielen Plätzen, Dinge, die in der Welt passieren, wie in den Nachrichten. Ich erzähle sie meinen Brüdern und Schwestern wie Geschichten, viele Dinge geschehen in der Welt, Dinge die wirklich passieren."

Er fuhr fort, zu erklären, dass er sich, wenn er an einem Experiment arbeitete, wie im Film an der Wand vor ihm sah, Dinge in einem Labor tuend, die das Problem, an dem er arbeitete, lösten."

Aus diesen Geschichten und vielen anderen schloss ich schließlich, dass außersinnliche Wahrnehmung eine natürliche Funktion der menschlichen Psyche ist, und dass sie weiter verbreitet ist, als die meisten Leute annehmen.

Meine Suche nach radionischen Wahrheiten

3

Die Kiste zum Diagnostizieren durch Messen

Wenn man die Arbeit der frühen Anwender betrachtet, ist man von der Tatsache beeindruckt, dass alle auf ihre eigene Weise Messungen vorgenommen haben. Ihre elektrischen Theorien könnten durch den Wunsch der modernen Forschung begründet sein, aber der Fakt des Messens ist klar. Ob wir von zellulären Strukturen, elektrischen Phänomenen, Farbstrahlung oder irgend einem anderen Aspekt ihrer Arbeit sprechen, unvermeidlich sind wir mit messbarer Strahlung befasst.

Es gibt eine Reihe von Gruppen, die radionische Therapie lehren. Diese haben vielleicht alle unterschiedliche Ideen, wie das angeboten werden sollte. Man muss aber hinter ihre unterschiedlichen Konzepte schauen und überlegen, was die radionische Therapie selbst in eine akzeptable Position als voll anerkannte Therapie bringen kann. Weil ich an dieser Bewegung seit Jahren beteiligt bin, bin ich mir mit der Zeit immer sicherer geworden, dass Wissenschaftler und Ärzte mit der sehr schnell wachsenden Technologie die Antworten finden WERDEN, die wir gesucht haben.

In der Zwischenzeit ist es die Pflicht der Autoren auf diesem Gebiet, präzise in ihren Fakten und spezifisch in ihrer Ausdrucksweise zu sein. Eine oft vorgebrachte Theorie wird oft als Tatsache akzeptiert. In Wahrheit existieren nur wenige Fakten wirklich, aber viele erneuerungsbedürftige Theorien werden oft gut verteidigt und sind schwer zu erneuern.

Klares Denken muss kommen. Bestimmten Mythen muss man entgegen treten und wenn sie mangelhaft sind, müssen sie aufgegeben werden. Mythen schmelzen im harten Licht der Wahrheit.

Der erste und wichtigste Mythos, den ich untersuchen will, ist der, dass Radionik eine para-physikalische Therapie ohne physikalische Grundlage ist.

Meine Suche nach radionischen Wahrheiten

Dies wurde von Professor S.W. Tromp, Professor der Geologie, in seinem 1949 veröffentlichten Buch *Psychical Physics*[15] widerlegt und mit ausgedehnten Experimenten illustriert.

Der zweite Mythos ist der Glaube, dass Radionik und Esoterik nicht trennbar sind. Ich meine, dass es sich dabei um zwei vollkommen unterschiedliche Themen handelt, und obwohl es völlig legitim ist, sie ergänzend zu nutzen, sollten sie nicht als untrennbar angesehen werden. Man kann ein ausgezeichneter Radioniker sein, ohne die Esoterik auch nur anzufassen.

Abrams, Drown und andere Pioniere wussten sicherlich um solche Dinge wie 'Innere Ebenen' und 'Verborgene Kraftfelder', aber sie dachten darüber, dass sie nicht für die Öffentlichkeit bestimmt seien, weil sie Verwirrung und Missverständnisse erzeugen.

Der dritte Mythos ist der einfache Glaube, dass man alle Arten von unpräzisen Behauptungen und Ausdrücken schreiben und trotzdem auf universelle Anerkennung durch Wissenschaft und Medizin hoffen kann.

Wörter sind für intelligente Kommunikation lebenswichtig und wenn die radionische Therapie ernst genommen werden will, müssen sowohl die Fakten als auch die Terminologie einer Überprüfung standhalten können. Ein Beispiel soll illustrieren, was ich meine.

„Nahezu alle radionischen Instrumente enthalten einen Magneten, der als Akkumulator, Umwandler und Abstrahler wirkt und das auf den Schaltern eingestellte Energiemuster sowohl hält als auch aussendet."

Überprüfen wir diese Behauptung. Zunächst ist sie extrem komplex und widersprüchlich. Die meisten Radionikinstrumente enthalten KEINEN Magneten. Wenn ein Instrument einen Magneten enthält und noch arbeitet, ist der Rest der Behauptung hinfällig.

Wie es ein radionischer Autor ausgedrückt hat, „ Das ganze Ziel ist es, die Wahrheit zu finden, wie immer sie auch aussieht." Dem stimme ich völlig zu.

Die natürliche Folge davon muss die Frage sein, wie man Messungen macht. Es gibt nur zwei Methoden. Die erste nennt man 'Stick-Pad'-Methode. Bei einem Drown Radionikinstrument sind zwei Metallplatten 12.06 x 5.72

---

15 Übersinnliche Physik

Die Kiste zum Diagnostizieren durch Messen

cm[16] durch eine dünne Karte getrennt und mit einem Schaltkreis verbunden. Diese Konstruktion ist mit einem stark gedehnten Stück dünnen Gummis überzogen. Nach den Anweisungen von Drown wird ein Gummifinger getragen und gelegentlich in feines weißes Puder getaucht. Dadurch wird die Oberfläche des Pads ziemlich glatt. Wenn jedoch die Schalter auf eine Zahl, welche eine Drüse, ein Organ oder eine Erkrankung repräsentiert, eingestellt werden, und der Messschalter von Null nach oben gedreht wird, fühlt man an einem bestimmten Punkt, dass die Unterlage 'steckt' (stick). Dies zeigt die Normalität oder das Fehlen der Drüse, des Organs oder der Erkrankung im Patienten an. Bei späteren Instrumenten wurden andere Materialien verwendet.

Die zweite Methode ist das Pendeln. In beiden Fällen kommt ASW[17] zur Anwendung. Durch die Anwendung seiner Fähigkeit kann ein trainierter und kompetenter Anwender krankhafte oder unbalancierte Zustände in lebenden Systemen eines Menschen, Tiers oder einer Pflanze aufdecken.

Die erste Methode setzt voraus, dass man eine rein physikalische Energie misst, darunter fallen solche erfahrenen Leute wie Abrams, Drown, Lakhovsky und andere. Sie alle betrachteten jede Zelle oder jedes Organ des Körpers als lebendes Wesen und sie nahmen an, dass mit einem kalibrierten Drehwiderstand oder einem ähnlichen Mechanismus deren Funktion durch die Schwingungsrate oder Zahl, die auf dem Instrument eingestellt war, messbar sei.

Die andere Methode, das Pendeln, setzt das Sammeln von Information durch Stellen einer Frage voraus, für die der Anwender eine Antwort wünscht. Durch die Beobachtung der Schwingungsart des Pendels bestimmt der Anwender, ob die Antwort JA oder NEIN ist.

Die ersten nahmen ihre Messungen, leiteten die Ergebnisse ab und behandelten und heilten ihre Patienten dadurch. Sie erreichten ihre Theorien und Schlussfolgerungen durch intellektuelles Wissen, oft erworben durch langwierige harte Arbeit. Die anderen verlassen sich auf das Pendel, um zur benötigten Information zu gelangen.

---

16 4¾ x 2¼ Zoll
17 Außersinnliche Wahrnehmung

Meine Suche nach radionischen Wahrheiten

Diese Frage nach physischer oder nichtphysischer Radionik wirft ein Problem auf. Dies ist aber eines, zu dem Dr. Aubrey Westlake, MCRS, LRCP in seinem Buch *The Pattern of Health*[18] einen guten Kommentar bringt. Er schreibt, „Es kann, so denke ich, keinen Zweifel daran geben, dass wir die Tatsache akzeptieren müssen, dass wir es beim Pendeln eindeutig mit physikalischen Kräften zu tun haben. Es gab natürlich immer zwei Denkschulen über dieses Thema; diejenigen, die denken, es kann alles mit den gewöhnlichen Gesetzen der Physik erklärt werden - die Physik-Denkschule. Zum Beispiel sagt Madame Maury in ihrem Buch *How to Dowse*[19], 'Was uns zur Zeit interessiert, ist die physische, man könnte auch sagen, die materielle Form und die Möglichkeit, sie nutzbar zu machen und auf ein System zu reduzieren.' Und die anderen, die denken, dass man das nur mental erklären kann - die Mental- oder Außersinnliche Schule. Es gibt genügend Tatsachen, beide Seiten zu stützen, aber letztlich hat sich die Schlussfolgerung durchgesetzt, dass beide Recht haben könnten. Tatsächlich müssen wir annehmen, dass wir es mit zwei verschiedenen Energiearten zu tun haben, die aber in Übereinstimmung stehen und zusammen arbeiten. Es wird Fortschritte beim Verständnis durch Akzeptanz dieser Tatsache geben, und mit Hilfe von Forschung, um die physische Form von der mentalen zu befreien und auch von der außersinnlichen und umgekehrt. Auf diese Weise wird es möglich werden, eine Wissenschaft und auch eine Kunst des Pendelns und der Radiästhesie aufzubauen, die von einem Grundverständnis der wahren Natur der Tatsachen und deren Beziehung untereinander, besonders deren Übereinstimmung, herrührt."

Bei der Entwicklung der Radionik fand man heraus, dass tatsächlicher Kontakt zum Patienten nicht notwendig war, und dass ein Muster, ein Reprä-

---

18 Medizinische Neuorientierung, Origo Verlag
19 Wie man mutet

Die Kiste zum Diagnostizieren durch Messen

sentant des Patienten, den gleichen Zweck erfüllt. Dieses Muster kann ein Blutmuster oder unter anderem auch etwas Haar sein. Radionikanwender, die getrocknetes Blut verwenden, sagen, es gibt ihnen Zugang zu allen Einzelheiten des Spenders. Soweit ich weiß, gab es nie eine niedergeschriebene Erklärung über die Gültigkeit dieser Behauptung, das Folgende wird aber jeden Zweifel zerstreuen.

Obwohl das nicht allgemein bekannt ist, wurde es in Deutschland und in der Schweiz durch Experimente bewiesen, dass getrocknetes Blut als Muster[20] verwendet werden kann, und dass ein solches Muster die genauen Eigenschaften des Originals behält. Ich habe die schriftliche Erlaubnis den folgenden Auszug - von Frieda Bessenich übersetzt aus 'Eine Monographie der Erfahrung' - über 'Die Methode der Sensitiven Kristallisierung' zu zitieren. Herausgeben von der naturwissenschaftlichen Abteilung des Goetheanum, Dornach. Copyright 1960 beim Philosophisch-Anthroposophischen Verlag am Goetheanum, Dornach, Schweiz.

„Das für die Durchführung der Tests benötigte Blut wird aus der Fingerbeere des Patienten genommen. Früher war es erlaubt, destilliertes Wasser in eine mit einer Gradeinteilung versehene Teströhre bis zu einer Konzentration von 6% Blut zu tropfen. Dann musste es sofort zur Kritallisation gebracht werden, da es nach einer Stunde nutzlos wurde. Seit vielen Jahren wurde eine Methode gesucht, das Blut in einen Zustand zu versetzen, der seine Verwendung über längere Zeit erlaubte."

„1944 entdeckte A. Rohlofs (Benefeld, Hannover), dass Blut seinen Nutzen für den Kristallisationstest behielt, wenn man es auf Filterpapier bringt und trocknen lässt. Eine Reihe von Experimenten in unseren Labors bestätigte A. Rohlofs' Experimente, das heißt, die Nutzbarkeit von auf Filterpapier getrocknetem Blut gleicht der frischen Bluts."

„Nachdem das getrocknete Blut in unserem Labor ankam, wird es ausgeschnitten und in einer entsprechenden Menge destillierten Wassers bei einer Temperatur von 37° Celsius aufgelöst."

„Einige Tropfen der Blutlösung werden dann mit einer 18.6% Kupferchloridlösung gemischt. Diese Mischung wird dann auf Verdunstungsplatten aufgebracht. Die Zeitspanne der Verdunstung, bevor die eigentliche Kristallisati-

---

20 Im Original: reliquify = als Reliquie (Zeuge der Vergangenheit) verwenden

Meine Suche nach radionischen Wahrheiten

on beginnt, sollte 13 - 16 Stunden betragen. Nachdem die Kristallisierung abgeschlossen ist, werden die Platten weitere 12 Stunden getrocknet."

„Rohlofs' Entdeckung war von großer Wichtigkeit, weil es nun möglich ist, Blutmuster per Post zu verschicken. Es gibt praktisch keine Entfernungsgrenzen. Spezielle Forschungen haben gezeigt, dass getrocknetes Blut noch nach zwei bis drei Wochen verwendbar ist."

Man wird sehen, dass diese Experimente zeigen, dass frisches Blut, getrocknetes Blut und Reliquienblut alle die Eigenschaften des Spenders behalten.

Es gibt noch einen weiteren Gesichtspunkt bei der Blutfrage. Es gibt eine Theorie, dass Blutmuster nicht verwendet werden sollten, wenn eine Person eine Bluttransfusion erhalten hat, weil das Blut nicht mit ihr allein in Beziehung steht. Es wird vorgeschlagen, statt dessen Haar zu nehmen. Es darf aber nicht vergessen werden, dass Blutmuster von Anwendern seit vielen Jahren ohne Schwierigkeiten oder Beschwerden verwandt wurden.

Es gibt natürlich auch einen praktischen Gesichtspunkt. Unglücklicherweise für die 'kein-Blut-Theorie'-Anhänger hält ihre Prämisse der Überprüfung nicht stand, und damit es darüber keine Vieldeutigkeiten gibt, möchte ich auf dieses Thema etwas ausführlicher eingehen.

Ein Wissenschaftskollege, mit dem ich diese Frage erörterte, drückte es so aus, „Es ist wichtig, zwischen der Identität des Spenders als chemische Substanz des Bluttropfens und dem, was *in* der chemischen Substanz liegt, zu unterscheiden."

„Die Blaupause einer Person liegt in den Genen und diese befinden sich im Blut. Deshalb, die Strahlung, welche die Gene emittieren ... emittiert auch die DNS und identifiziert dadurch den Körper. Da kann es keine Verwirrung geben."

„Kein moderner Wissenschaftler, kein moderner Biologe wird jedoch bestätigen, dass die Identität irgendeines lebenden Wesens, speziell eines mit ei-

Die Kiste zum Diagnostizieren durch Messen

ner Wirbelsäule, in den Genen liegt und absolut keine zwei können gleich sein. Die Gene, ob in einem Zeh, in den Knochen, im Kopf oder Finger, sind identisch und sie kooperieren, um eine effektive Maschine zu bilden, die ihre Existenz erhält."

In der komplexen menschlichen Form haben wir die Blaupause in der DNS, welche die Gene sind, und welche Nahrung wir auch immer zu uns nehmen, unsere Körpermaschine nimmt sie und wandelt sie in eine für den Körper verwendbare Form um. Und nachdem sie alles herausgenommen hat, um Energie zu produzieren, scheidet sie den Rest aus."

„Blut wird IM Körper gemacht und IM Körper zerstört. Wenn es dem Körper aus verschiedenen Gründen an eigenem Blut mangelt und Blut einer anderen gesunden Person eingebracht wird, ist das kein Ersatz für das natürliche Blut des Körpers, es unterstützt das natürliche Blut, um seine Aufgaben zu erfüllen und das Leben BEIDER als eigenständige Identität im Körper dauert nur eine kurze Zeit."

„Das übertragene Blut hat keine permanente Existenz im Gastkörper. Es ist nicht wie der Ersatz eines Knochens oder einer Niere. Das ist eine andere Sache. Blut wird regelmäßig zerstört und ständig neu erzeugt. Und weil das von der Transfusion stammende Blut mit dem körpereigenen vermischt wird und mit dem Blut des Gastkörpers zerstört werden MUSS, kann kein weiteres übertragenes Blut übrig sein. Weiteres mittels des Genmusters erschaffenes Blut durch den Gastkörper MUSS die Einzigartigkeit dieses speziellen Körpers erhalten. *Er kann gar nichts anderes tun.*"

Jetzt bleibt noch das Problem übrig, zu entscheiden, wie der Blutstropfen mit dem Spender in solch fernen Orten wie zum Beispiel Australien verbunden werden kann.

Wissenschaftlich ist die Antwort, dass 'alle Materie strahlt' und dass wenn einmal eine Radiowelle erzeugt wurde, diese bis ins Unendliche weiterstrahlt. Einmal erzeugt, hört sie nie auf zu SEIN. Dies bestätigt die esoterische Theorie, dass 'alles überall ist'.

Meine Suche nach radionischen Wahrheiten

Zum Schluss sollten wir die Prämisse überprüfen, ob ein paar Haare ebenso gut als Patientenmuster für eine radionische Analyse taugen wie ein Blutmuster. Wenn man kritisch ist, und ich meine, dass man das in allen Aspekten unserer Arbeit sein sollte, erfordert die folgende Geschichte eine überzeugende Antwort.

Eine Dame hört von der radionischen Therapie, und da sie Hilfe braucht, entscheidet sie, dass sie es gerne versuchen will. Beim Frühstück am nächsten Morgen erzählt sie ihrem Mann, dass sie das vorhat. Er stimmt zu und sie meint, „Gut, aber so wie ich aussehe, kann ich nicht gehen", und weg ist sie zu einem Termin bei ihrem Friseur. Zuerst bekommt sie Shampoo mit Konditioner, und weil sie nicht mehr so jung ist, wie sie mal war, folgt darauf eine Tönung. Haarfestiger ist für ihr Styling wichtig, das dann mit einer halbstündigen Sitzung unter dem Trockner abgeschlossen wird. Schließlich nimmt sie noch ein Lackspray, das sie vor den Auswirkungen von Wind und Wetter schützt, die das ganze Glück ruinieren könnten.

Gepflegt und zufrieden geht sie zu ihrem Radioniker, wo sie dann feststellt, dass sie um ein paar Haare als 'Repräsentanten' ihres Gesundheitsmusters gebeten wird. „Ja natürlich, gerne, bitte sehr", und schon ist die Schere da. Dies, so wird gesagt, wird dem Anwender jedes Detail ihrer physischen, mentalen, emotionalen und spirituellen Natur für den Rest ihres Lebens offenbaren. Ich weiß nicht. Im Fall von Kindern oder Invaliden wäre es natürlich gut möglich, mit Urin zu arbeiten, der vom 'Inneren' des Körpers kommt, oder sogar mit einem Foto, wenn man auf der mentalen Ebene arbeitet.

4

Grundlegende Prinzipien einiger Pioniere

„Seltsamerweise werden die Entwickler einiger der großen neuen Ideen der Geschichte oftmals für einige Zeit oder ihr ganzes Leben als Irre angesehen.
Wenn jemand aufsteht und von Zeit zu Zeit angezählt wird, kann er niedergeschlagen werden. Aber denke daran, ein durch einen Gegner niedergestreckter Mann kann wieder aufstehen. Ein durch Konformität niedergestreckter Mann bleibt für immer liegen."

(Autor unbekannt)

Die Arbeiten der Pioniere sind speziell für diejenigen, die nicht die Gelegenheit hatten, diese tiefgreifend zu studieren, von packendem Interesse. Deren Annäherungen an die Entwicklung von Heiltechniken variieren von Person zu Person, aber letztlich streben wir alle zu einem gemeinsamen Ziel - das der Linderung der Gebrechen der Menschheit. In diesem Kapitel habe ich versucht, einige kurze und möglicherweise unbekannte Fakten über die bemerkenswerten Theoretiker zu berichten, die ihre Theorien oft auf der Inspirationsebene ausarbeiteten.

Was kann man in ein paar Absätzen tun, um den Wert von Männern und Frauen zu zeigen, die ihr ganzes Leben mit Experimenten und dem Vortragen neuer Heiltheorien verbracht haben? Es ist eine unmögliche Aufgabe und ich kann nur die Richtung angeben, in der diese aufschlussreichen Informationen gefunden werden können.

Beginnen wir mit Abrams.
Dr. Albert Abrams AM, LLD, MD, FRMS
Pathologieprofessor und Direktor der medizinischen Klinik, San Francisco
Neue Konzepte für Diagnose und Behandlung
Physisch-klinische Medizin
Die praktische Anwendung der Elektronischen Theorie in der Interpretation und der Behandlung von Erkrankungen

Albert Abrams, Sohn eines erfolgreichen Kaufmanns aus San Francisco, wurde 1863 geboren. Der Erbe eines riesigen Vermögens, das er in frühem Alter von seinem Vater übernahm, entschied, seine Talente und sein Leben der medizinischen Forschung zu widmen. Er war mit seiner amerikanischen Ausbildung und medizinischen Qualifikation überhaupt nicht zufrieden, und nachdem er die deutsche Sprache gemeistert hatte, immatrikulierte er an der Universität Heidelberg, wo er in der Folge als Doktor med. summa cum laude graduierte und die Goldmedaille der Universität erhielt.[21]

Nachdem er in seine Heimat Kalifornien zurückgekehrt war, wurde Abrams zum Professor der Pathologie am Cooper Medical College, einer Abteilung der Stanford Universität, ernannt.

Seine Arbeit als Diagnostiker war für die meisten Autoren der Hauptfaktor, aber es ist wichtig, dass zwei weiteren Aspekten seiner Arbeit Raum gegeben wird.

---

21 Nach Auskunft des Universitätsarchivs hat Abrams mit 'cum laude' bestanden. Über eine Goldmedaille ist nichts bekannt.

Grundlegende Prinzipien einiger Pioniere

Er erforschte in großer Detailtiefe Dinge, die mit aus dem Körper austretenden Schwingungen zu tun hatten, sowohl von physischen als auch von 'inneren' Gesichtspunkten. Und obwohl seine Arbeit okkulte Lehren nicht betont, muss seine Kenntnis auf diesem Gebiet ausgezeichnet gewesen sein. Der sehr kurze Extrakt aus seinem Buch, den ich ausgewählt habe, illustriert diese andere Seite seiner Forschungen.

In seinem Vorwort schreibt er:

„Die neuen physiko-diagnostischen und therapeutischen Methoden des Autors sind keine Theorien sondern physiko-klinische Tatsachen, was dieses Buch mit entscheidender Bedeutung ausstattet. Die Gesetze der physischen Wissenschaften sind universell und betreffen lebende Organismen und sogenannte unbelebte Dinge gleichermaßen. Diese iatro-physische Konzeption zeigt den Trend auf, die verschiedenen Kraftformen unter einem großen Prinzip zu vereinen. Praktische Medizin beinhaltet alle Wissenschaften und eine klinische Diagnose muss physische, biologische und chemische Methoden einsetzen. Die Elektronische Theorie zeigt die elektrische Natur der Materie und Radioaktivität ist deren universelle Eigenschaft. Bei Krankheit ist die Umgruppierung der Elektronen von einer Entwicklung von Energie begleitet, die mit einer bestimmten Polarität, Wellenlänge und Schwingungsrate ausgestattet ist. Insoweit wie Elektronen in Bewegung sind, gibt es eine ständige Energiestrahlung und die Instabilität des Atoms, ausgedrückt durch die Polarität meiner Reaktionen, zeigt den konstanten Verlust positiver oder negativer, positiver und negativer oder neutraler Elektronen."

Ich folge diesen Gedanken mit Zitaten aus seinem Kapitel über Energie und Schwingungen.

„ENERGIE - Das heutige Zeitalter staunt über die Unterwerfung der Naturkräfte durch den Menschen. Jedoch kann dieses Zeitalter der Energie nur dann siegreich sein, wenn der Mensch die bedeutenderen Kräfte innerhalb seiner selbst erkennen und dann steuern und kontrollieren kann."

„MENSCHLICHE ENERGIE - Forschungen aller Zeitalter sind für die Theorie menschlicher Strahlung eingetreten."

„Für einige ist der Organismus mit einer voltaischen Batterie vergleichbar, die so etwas wie Elektrizität emittiert."

„Der Heiligenforscher drückt die Realität von Strahlungen aus, indem er sich auf die Auras auf antiken Bildern um die Köpfe und Körper von Christus und den Heiligen bezieht."

„Die Phänomene von Licht in Materialisation wurden von angesehenen Wissenschaftlern als spiritistische Phänomene bezeugt und anerkannt. Von Aberglaube wurde gesagt, dass es wahre Psychologie im falschen Gewand sei."

„Der Autor ist davon überzeugt, dass die Phänomene unabhängige Realitäten entkörperter Geister sind und Manifestationen menschlicher Energie zugeordnet werden können. Das Aufdecken des Okkulten wird möglich sein, wenn man ein besseres Verständnis der Aktivitäten lebender Zellen gewinnt und wenn die Biologen die Gesetze, die das Zellwachstum regieren, mit der Genauigkeit kennen werden, mit der der Wissenschaftler seine Gesetze kennt."

„Jedes Individuum, so wird behauptet, ist eingehüllt in Strahlen (Aura), die für das fleischliche Auge nicht sichtbar und nur für die Seele wahrnehmbar sind, die daran gewöhnt ist. Wahrnehmung der Aura ist das Privileg der Hellsichtigen, aber Kilner hat gezeigt, dass jedermann die den menschlichen Körper umgebende 'Atmosphäre' beobachten kann, und zwar mit Hilfe von chemischen Filtern, bemerkenswerterweise enthält einer eine Lösung aus Dicyanin, die durch teilweise Lähmung der Stäbchen und Zylinder der Retina die Sichtbarkeit der Aura in einem dunklen Raum ermöglicht."

„Kilner erklärt die aurische Kraft nicht. Die Aura ist vielleicht Energieentladung. In einem Brief äußert Kilner, „Ihre Meinung, dass die Aura nur vom Körper abgestrahlte Energie ist, stimmt mit meiner völlig überein, ich habe das nur auf andere Weise ausgedrückt. Ich habe versucht, sie an einem toten Körper wahrzunehmen, das ist mir aber immer misslungen."

Dr. Ruth B. Drown DC
Theorie und Technik der Drown HVR[22] und der Radio-Vision Instrumente

„Einführung

Der Zweck dieses Buchs ist es, dem Arzt bei der Anwendung des Instruments und der Wechselbeziehung seiner Diagnose und Behandlung zu helfen. Damit er ein breiteres Verständnis und Wissen darüber gewinnt, auf was er seine Erkenntnisse gründen muss, wird die wahre Grundlage des Lebens erwähnt.

Sehr alte Schriften beschäftigen sich fast nur mit der Schwingungsrate aller Dinge, die sich auf die mentale und physische Welt der Menschheit beziehen. Es ist unmöglich, den physischen Körper zu diagnostizieren und zu behandeln, ohne ihn mit dem Mentalen in Beziehung zu setzen. Nach dem nun zweijährigen Einsatz unserer Radioinstrumente fanden wir im tieferen Studium Alten Wissens eine erstaunliche und befriedigende Erhärtung unserer eigenen Entwicklung von Schwingungsraten. Diese werden später sowohl im Bezug auf unsere Instrumente als auch zu diesem Alten Wissen besprochen."

Inhalte, die in einem späteren Kapitel besprochen werden, enthalten:
1. Eine Erklärung der HVR-Diagnose und –Therapie.
2. Herstellen einer 'Blaupause' des Körpers.
3. Endokrinologie in der modernen Praxis, im Bezug auf das Drown-System von Diagnose und Behandlung.
4. Verfahren zur Herstellung eines Blutbilds, Urinanalyse, Messung von Temperatur und Blutdruck, eingeklemmter Nerven und Diät.

---

[22] Homo Vibra Ray (so nannte Ruth Drown ihre Instrumentenreihe, Hrg.)

Meine Suche nach radionischen Wahrheiten

Die Wissenschaft und Philosophie der
Drown Radio Therapie 1938

In diesem Buch erklärt sie ihre Philosophie des Lebens. Die Kapitel enthalten:

1. Leben als Energie, Bewusstsein und Substanz.
2. Lebenskraft und Magnetismus in Beziehung zum Körper.
3. Chemie, Physik und Metaphysik des Körpers.
4. Radio-Vision Fotos.
5. Diagnose und Behandlung.

Das folgende Zitat stammt aus dem vierteljährlich erscheinenden Journal der Drown Radio Therapie.

„Am 10. Dezember bei einem Essen im Regenbogen-Raum oben auf dem RCA-Gebäude wurde Dr. Ruth B. Drown mit der Verdiensturkunde des New York Museum der Wissenschaften und Industrie, eine Abteilung der Rockfeller Stiftung, geehrt. Der Preis wurde für ihre Instrumente zur Blutungskontrolle und Diagnose verliehen und las sich wie folgt:

Hiermit wird bestätigt, dass
Ruth B. Drown
Drown Laboratorien
die Verdiensturkunde
für das Jahr 1946
für ihre Bemühungen, das Interesse am menschlichen Körper und der Korrektur von Erkrankungen anzuregen,
verliehen wird.

                    R.P. Shaw, Direktor

Der Preis krönt 29 Jahre Forschung und 18 Jahre praktische Arbeit."

Grundlegende Prinzipien einiger Pioniere

Feierliche Überreichung an Ruth Drown

George Lakhovsky

Ingenieur/Physiker, in Russland geboren, eingebürgert in Frankreich, ausgezeichnet mit dem Roten Band der Ehrenlegion für seine technischen Dienste während des Kriegs.

Das Geheimnis des Lebens. Kosmische Strahlen und Ausstrahlungen lebender Wesen

Vorwort von Professor D'Arsonval

„Was denken Sie über Faraday? Wenn ich dir das sagen würde, mein lieber Deville, könntest du denken, dass ich an Halluzinationen leide.

So ist die Legende.

Noch vertraulicher als Faraday hat Lakhovsky mir das Wesentliche seiner Ideen über Strahlung und ihrer Effekte auf lebende Wesen mitgeteilt. Er dachte mit Recht, dass seine Ideen einen Experimentator nicht schocken können, der seit 35 Jahren die Effekte des gesamtem Hertz'schen Spektrums an Tieren und Mikroben studiert hat.

In der wissenschaftlichen Forschung ist es ratsam, die Ideen zu verfolgen, die am gewagtesten scheinen. Ich lebte in vertrautem Umgang mit zwei großen Männern: Claude Bernard und Brown-Sequard, die in neuen Ideen schwelgten. Ich zahlte ihnen nicht zu schlecht heim!

Das Phänomen der Resonanz ist Physiologen seit langem bekannt. Wir alle kennen die akustischen Resonatoren des Cortischen Organs und die optischen Resonatoren der Retina seit den berühmten Forschungen von Helmholtz. Und uns noch vertrauter, die *biologischen Resonatoren* von Charles Henry Lapicque, Latzareff und mir haben bei verschiedenen Gelegenheiten das Phänomen der *zellulären Resonanz* angeführt, um die Wirkung nervlicher Einflüsse oder anderer physischer Kräfte in lebenden Wesen zu erklären.

Der Raum ist voll von Kräften, die uns unbekannt sind, und dass lebende Wesen Strahlung oder Ausdünstungen abgeben, die wir nicht wahrnehmen, deren Bedeutung aber die Aufmerksamkeit bestimmter Beobachter angezogen hat, sind Tatsachen, die ich schon lange akzeptiert habe. Alles ist möglich. Man darf aber nicht alles akzeptieren, außer dem, was experimentell bewiesen werden kann. Die Ideen einer geistig nicht gesunden Person unterscheiden sich von den Konzeptionen eines Genius hauptsächlich, weil das Experiment die erste widerlegt und den zweiten bestätigt.

Lakhovsky, ermutigt durch seine eigenen Forschungen und die praktischen Ergebnisse, die er erhielt, ist speziell daran interessiert, dass seine Theorien unter unabhängigen Forschern Interesse erregen und Experimente stimulieren. Lakhovskys Theorien bilden das, was Claude Bernard als Arbeitshypothese bezeichnet.

In 'Das Geheimnis des Lebens' beschränkt sich Lakhovsky auf das Studium elektromagnetischer Wellen, tief eindringender Wellen und unbekannter Wellen.

Es gibt gewiss viel mehr Prozesse von Energieübertragung neben denen, die Newton und Fresnel uns eröffnet haben. Es liegt im Studium des Menschen, dass die Chancen, solche Prozesse zu entdecken, höchst vielversprechend sind. Lasst uns deshalb experimentieren, indem wir die Methoden der Physiker und Chemiker verwenden, und lasst unser Ziel die Entdeckung des speziellen Detektors sein, der in den Schlussfolgerungen dieser Arbeit erwähnt wird."

D'Arsonval

Nun folgen zwei Auszüge von Lakhovskys Einführung.

„Jeder Fortschritt in der Evolution des Wissens zeigt neue Gesichtspunkte und versetzt uns in die Lage, im gesamten Feld der verschiedenen Wissenschaften weiterzuforschen, ihre verschiedenen Fortschritte zu kennen, ihre wechselseitigen Beziehungen zu beobachten und die Hilfe, die sie sich gegenseitig geben können ...

Bis jetzt wurde dieses Originalkonzept der Strahlung, das die Grundlage allen positiven Wissens zu sein scheint, auf die Gebiete der physischen Wissenschaften beschränkt und neben einem Eindringen in die Industrie hat es noch keinen wichtigen Beitrag zu den Naturwissenschaften geleistet, deren Entwicklung auf die der organischen Chemie beschränkt zu sein scheint ...

Was ist dann diese universelle Strahlung in lebenden Wesen? Meine Theorie entwickelt in einfachen Begriffen ihre fundamentalen Prinzipien und enthüllt ihre Natur. Indem Unterstützung von den allerneuesten Entdeckungen auf dem Gebiet der Strahlung hergeleitet wird, zeigen meine Theorien mit Hilfe elementarer Analogien, dass die Zelle, die essentielle organische Einheit in allen lebenden Wesen, nichts als ein elektromagnetischer Resonator ist, fähig zur Abgabe und Absorption von Strahlung sehr hoher Frequenz."

Einführung der Übersetzung

... „Die englische Version ist auch die einzige, welche die bemerkenswerten Fotos von Fällen enthält, die mit dem berühmten Gerät von Lakhovsky behandelt wurden, dem Multi-Wellen-Oszillator."

„Die Theorien von Lakhovsky enthalten eine auffallende Übereinstimmung mit denen von Dr. George Crile, dem bedeutenden amerikanischen Chirurgen, dessen große Arbeit über Operationsschock ihm internationale Anerkennung einbrachte.

In seinem bewundernswerten Buch mit dem Titel 'Das Phänomen des Lebens', führt Dr. Crile aus, dass elektrische Energie eine fundamentale Rolle in der Organisation, im Wachstum und der Funktion des Protoplasmas spielt. Lakhovsky und Crile, die ihren Forschungen unabhängig voneinander nachgingen, sind zu identischen Schlussfolgerungen gekommen.

Die Grundlage von Lakhovskys Theorien basiert auf dem Prinzip, dass Leben von Strahlung erzeugt und von Strahlung erhalten wird. Crile behauptet, dass der Mensch ein radio-elektrischer Mechanismus ist und betont die bedeutende Tatsache, dass wenn das Leben endet auch die Strahlung endet. Er schreibt, 'Es ist offensichtlich, dass Strahlung den elektrischen Strom erzeugt, der den Organismus als Ganzes organisiert, wobei er Erinnerung, Vernunft, Vorstellungskraft, Gefühl, die einzelnen Sinne, Ausscheidungen, Muskeltätigkeit, Reaktion auf Infekte, normales Wachstum und das Wachstum gutartiger Tumore und Krebs hervorbringt, welche alle von elektrischen Ladungen gesteuert werden, die durch kurze Wellen ionisierender Strahlung im Protoplasma gebildet werden.'

Wie Lakhovsky behauptet Crile, dass lebende Zellen elektrische Zellen sind, die als System von Generatoren, Induktionsleitungen und Isolatoren funktionieren, und dass die von Strahlung und Elektrizität gespielte Rolle in lebenden Prozessen im Menschen nicht mysteriöser ist als in Batterien und Dynamos."

Ich füge deshalb Lakhovskys Arbeit die von Dr. George Crile an.

Dr. George Crile
Das Phänomen des Lebens.
Eine radio-elektrische Interpretation

Einführung
„Oxidation produziert Strahlungsenergie.
Strahlungsenergie erzeugt elektrische Ströme im Protoplasma.

Grundlegende Prinzipien einiger Pioniere

Elektrizität ist die Energie, welche die Aktivität des Protoplasmas steuert. Die normalen und pathologischen Phänomene des Lebens sind Manifestationen des Protoplasmas. Deswegen müssen die Phänomene des Lebens von Strahlungs- und elektrischer Energie abhängig sein."

Nach zahlreichen Experimenten ... „Es wurde offensichtlich, dass der Tod eines Tieres mit dem Verlust der Säure-Basen Balance in den Zellen des Organismus verbunden war.

Was könnte die grundlegende Beziehung zwischen dem relativen Säuregehalt des Zellkerns und dem relativen Basengehalt des Zytoplasmas sein?

Ein saures Kolloid und ein basisches Kolloid, getrennt durch eine halbdurchlässige Membran, eine dielektrische Membran, bilden eine Zellkonzentration, in der ein elektrisches Potenzial zwischen den negativen und positiven Polen existiert.

Nach diesem Konzept sind die Zellen des Organismus elektrische Zellen, in denen der vergleichsweise saure Kern einen positiven Pol bildet und das vergleichsweise basische Zytoplasma den negativen Pol.

Auf dieser Basis begannen wir deshalb den Organismus als bipolaren Mechanismus anzusehen und unsere Forschungen auf das Gebiet der Biophysik auszurichten.

Nach unseren zytologischen[23] Erkenntnissen ist das Aufrechterhalten des Säure-Basen-Gleichgewichts zwischen dem Kern und dem Zytoplasma der Zellen - das elektrische Potenzial - wesentlich für das Leben und versorgt die unmittelbar treibende Energie des Lebensprozesses selbst. Ihre Verminderung auf Null oder Gleichgewicht bedeutet den Tod.

Es blieb jedoch zu entdecken, wie dieses vitale elektrische Potenzial der Zellen aufrecht erhalten wird. Wir nahmen an, dass das elektrische Potenzial

---

23 Zytologie = Wissenschaft von der Zelle

hauptsächlich auf Oxidation basiert, und dass im Gegenzug das elektrische Potenzial in der Zelle die Oxidation regiert.

Eiweiße enthalten Stickstoff, der durch elektrische Kräfte abgespalten wird und so die Strahlung erzeugt, von der wir postulieren, dass sie die primäre Quelle lebender Energie sei.

Wir postulieren, dass der Mechanismus, durch den die Oxidation im Protoplasma der Zelle die elektrischen Ströme erzeugt, welche die Zelle und den Organismus antreiben, auf der kurzwelligen Strahlung beruht, die durch die Oxidation im Protoplasma erzeugt und abgestrahlt wird. Nach diesem Konzept schlägt diese Kurzwellenstrahlung Elektronen ab. Diese bewegten Elektronen laden das komplizierte Netzwerk des Nervensystems ebenso auf wie die unendlich dünnen Membranen, die die verschiedenen Struktureinheiten und das Netzwerk in den Zellen trennen.

Die Struktureinheit und die Funktionseinheit des lebenden Organismus ist die Zelle. Der Zellkern ist relativ basisch. Der Kern und das Zytoplasma sind durch eine halbdurchlässige Membran getrennt.

Deswegen ist die Zelle ein bipolarer Mechanismus oder eine elektrische Batterie, in dem der Kern das positive Element und das Zytoplasma das negative Element darstellt.

Die Rate der Oxidation ist im Kern größer als im Zytoplasma und deshalb erhöht sich die elektrische Spannung im Kern; die Elektrizität geht durch die Kernmembran; das elektrische Potenzial im Kern fällt und als Konsequenz wird der Strom unterbrochen.

Es gibt zwei Beweisketten, die zeigen, dass die Struktur und die Funktion der Zellen beide vom Erhalt des normalen elektrischen Potenzials abhängig sind."

Diese sind hier gegeben.

Grundlegende Prinzipien einiger Pioniere

Als ich vier herausragende Denker behandelt hatte, machte ich eine Pause. Professor Tromp war der nächste auf meiner Liste, und da meinem Gefühl nach seine Arbeit vielen praktisch unbekannt ist, würde ein ganzes nur ihm gewidmetes Kapitel, so dachte ich, nicht fehl am Platz sein. Die Breite seiner Forschungen war phänomenal und er verdient mehr Anerkennung bei den heutigen Anwendern, als ihm bisher zugekommen ist.

5

S.W. Tromp, Professor der Geologie
Psychische Physik
Eine wissenschaftliche Analyse des Mutens, der Radiästhesie
und verwandte Phänomene

Im radionischen Umkreis haben nur wenige von Professor Tromp gehört, aber ich meine, dass sein Beitrag für unser Thema von solcher Wichtigkeit ist, dass ich nun einige Extrakte aus seinem Buch bringe. Dies wird es ermöglichen, sich ein Bild von der Tiefe seiner Forschungen und seiner Schlussfolgerung zu machen, dass Radionik keine parapsychologische Therapie ohne Grundlage in der Physik ist. In seinem Vorwort, von dem ich hier nur einen Teil wiedergeben kann, lesen wir:

„Die Aufgabe dieser Veröffentlichung ist dreifach; erstens, festzustellen, ob die verschiedenen Phänomene des Rutengehens wirklich existieren oder nur Suggestionen sind; zweitens, wenn sie festgestellt sind, alle Störfaktoren zu studieren; drittens, zu analysieren, ob die Reaktionen der Muter (nachdem sie als wahr erwiesen sind) als Indikatoren für bestimmte externe körperliche Zustände benutzt werden können.

Der Autor, ein Geologe, arbeitete mit vielen Rutengängern zusammen und war gegenüber deren Fähigkeiten extrem skeptisch; die Ergebnisse, die er gesehen hatte, waren nicht überzeugend. Um 1940 jedoch wurden mehr und mehr wichtige Daten gesammelt, die zeigten, dass Rutengängerphänomene so wirklich wie Elektrizität und andere physische Phänomene waren. 1946 und 1947 wurden wissenschaftliche Tests in den physischen und physiologischen Labors der Universität Leiden (Holland) und in den Laboratorien der Technischen Universität Delft (Holland) angesetzt.

Diese Experimente mit künstlichen Magnetfeldern und Reihen-Galvanometern zeigten:

Meine Suche nach radionischen Wahrheiten

1. dass Rutengängerphänomene keine Scharlatanerie oder Suggestion sind, sondern wirklich existieren und dass die Anzahl der Menschen, die für diese Phänomene empfänglich sind, größer ist als gewöhnlich angenommen wird;
2. dass eine größere Anzahl physischer und physiologischer Faktoren Fehler bei der Erfassung dieser Phänomene durch unsere Nerven und Muskeln verursachen können; dies könnte die meisten der sogenannten 'Versager' wissenschaftlicher Tests mit Rutengängern erklären;
3. dass diese Phänomene mit den normalen physischen und physiologischen Gesetzen erklärt werden können: deswegen sollten sie nicht als paranormal bezeichnet werden und sie gehören auch nicht zur Parapsychologie;
4. dass viele der sogenannten parapsychologischen Phänomene mit den gleichen Forschungsmethoden erklärt werden können, was die Parapsychologie in die normale Wissenschaft der Medizin bringt;
5. dass sich eine sorgfältige Analyse dieser Phänomene von großem Wert für die zukünftige medizinische Wissenschaft erweisen kann.

Das Problem der physischen und physiologischen Ursachen der Rutengängerphänomene und des Einflusses externer Elektrofelder, Magnetfelder oder einer Kombination beider auf lebende Organismen ist extrem kompliziert und es ist sinnlos für nur einen Forscher, das ganze Problem zu studieren.

Wir haben deshalb versucht, in dieser Veröffentlichung die verschiedenen Aspekte des Rutengängerproblems nur zusammenzufassen, um dem wissenschaftlich orientierten Leser eine Vorstellung vom enormen Ausmaß an Forschung zu geben, die für die Lösung des Problems erforderlich ist. Sollte diese Zusammenfassung Mitarbeit auf dem Gebiet der 'psychischen Physik' stimulieren und die wissenschaftlich unberechtigten Vorurteile beseitigen, dann fühlt sich der Autor für seine Arbeit ausreichend entschädigt.

Das Buch ist in drei Hauptkapitel eingeteilt. Im ersten Kapitel wird eine Analyse der elektromagnetischen Felder in und um lebende Organismen herum vorgestellt. Dieses Problem ist in drei Teile aufgeteilt; die elektromagnetischen im lebenden Körper erzeugten Felder (sogenannte organische Felder), die im oberen Teil der Erdkruste (geophysikalische Felder) und die in der At-

S.W. Tromp, Professor der Geologie

mosphäre (klimatologische oder meteorologische Felder). Die Wechselwirkung dieser drei Felder wird untersucht und der Autor hat sich bemüht, zu zeigen, dass die Existenz der Rutengängerphänomene sogar auf theoretischer Basis erwartet werden kann.

Im zweiten Kapitel wird weiteres Material gesammelt, um diese theoretische Möglichkeit zu stützen und eine Zusammenfassung der verschiedenen Einflüsse von elektrostatischen, elektromagnetischen und magnetischen Feldern auf lebende Organismen wird gegeben.

Im dritten Kapitel wird das Rutengängerphänomen wissenschaftlich analysiert und die Experimente des Autors im Detail beschrieben. Dieses Kapitel ist in fünf Teile aufgeteilt; Muten (Wassersuche usw.), Radiästhesie (Pendelphänomene), Phänomene des Magnetismus, Richtungssinn von Tieren und zum Schluss ein kurzer Überblick von möglichen Anwendungen der vorangegangenen Analysen auf andere parapsychologische Phänomene (psychische Physik).

Experimente von S.W. Tromp 1947

Von September 1946 bis Juni 1947 wurden vom Autor eine Reihe von Experimenten durchgeführt, zunächst an den physischen und physiologischen Labors der Universität Leiden (Holland) und später in den Laboratorien der Technischen Universität Delft (Holland).

Die Experimente bestanden aus drei Hauptgruppen:
1. Experimente mit künstlichen Magnetfeldern (assistiert von Van der Starre, technischer Chefassistent am Physischen Labor);
2. Experimente mit einem Reihen-Galvanometer von Einthoven (durchgeführt mit Hilfe von M.J. De Groot, technischer Erfinder des Reihen-Galvanometers von Einthoven);
3. Elektrostatische Experimente (durchgeführt mit Hilfe von Ingenieur H. de Zeeuw).

Der Hauptzweck dieser Experimente war, eine Methode zu finden, die uns dazu in die Lage versetzt, die Realität der Mutungsreaktionen überzeugend zu beweisen oder zu widerlegen.

Die erste Gruppe von Experimenten wurde durchgeführt, weil der Autor während seiner geologischen Arbeit bemerkt hatte, dass Mutungsreaktionen mit Magnetometerkarten übereinstimmten. Zu dieser Zeit war er sich vieler anderer physischer Phänomene nicht bewusst, außer dass die Störungen des Erdmagnetfelds für die Mutungsphänomene verantwortlich sein könnten.

Die zweite Methode wurde gewählt, um die Fluktuationen der Hauptpotenziale der Rutengänger mit einem ständig selbsterfassenden Multi-Voltmeter zu studieren.

Die dritte Gruppe von Experimenten wurde durchgeführt, um den Einfluss elektrostatischer Induktion auf Rutengänger zu studieren.

Der Autor glaubt, dass mit es diesen Experimenten möglich ist, die Realität des Rutengängerphänomens zu beweisen.

Bevor wir die Experimente im Detail besprechen, wird eine kurze Zusammenfassung der Hauptergebnisse gegeben, welche die Behauptung stützen, dass die Realität der Rutengängerphänomene mit mindestens vier verschiedenen Methoden bewiesen werden kann.

1. Künstliche Magnetfelder
2. Experimente mit einem Reihen-Galvanometer von Einthoven.
3. Experimente zur Empfänglichkeit örtlicher Störungen des Erdmagnetfelds.
4. Experimente zur Empfänglichkeit von Elektrofeldern.

Medizinische Anwendungen der Pallomantik

Wir können uns hier sehr kurz fassen, weil die meisten Anwendungen bereits in der entsprechenden Abteilung über Experimente mit der Wünschelrute und in den Seiten über Pallomantik besprochen wurden. Die Hauptanwendungen der Pallomantik sind:

1. Die Möglichkeit spezifischer Autosensibilisierung, die einen Arzt dazu in die Lage versetzen könnte, in jedem einzelnen Fall die benötigte Dosis eines Medikaments genau zu ermitteln. Ein menschliches Wesen ist keine

S.W. Tromp, Professor der Geologie

Maschine und jede Person hat ihre spezielle Empfindlichkeit auf Medikamente. Normalerweise hat ein Arzt nur eine sehr kleine Chance, genau zu wissen, welche Dosis die vorteilhafteste ist. Er wird eine, zwei oder drei Tabletten pro Tag geben, wobei die optimale Behandlung dieses Organismus mit zum Beispiel 1 2/5 Tabletten erreicht werden könnte. Eine wissenschaftliche Studie dieses Themas wäre deswegen von größter Wichtigkeit.

2. Die Bestimmung des Musters des elektrischen Felds des menschlichen Körpers, das, wie wir gesehen haben, alle physiologischen Prozesse im Körper spiegelt. Wenn wir einmal gelernt haben, dieses Muster korrekt zu interpretieren, könnten wir bestimmte Krankheiten feststellen, lange bevor normale medizinische Methoden eine Diagnose möglich machen. Auf der anderen Seite könnten starke künstliche Elektrofelder dieses Muster beeinflussen und dabei Heileffekte haben, die auf andere Weise nicht zu erzeugen sind.

Meine Suche nach radionischen Wahrheiten

6

Dr. Ruth B. Drown DC

Als Student und Nachfolger von Dr. Drown ist es mir ein großes Vergnügen, ein Kapitel über ihre Arbeit in mein Buch einzufügen und ihre Technik und grundlegende Philosophie auszuführen.

Ich kann das nicht besser tun, als mit einem Kommentar zu beginnen, den ein führender Radionikanwender dieser Tage gemacht hatte. Er schrieb:

„Als X 1953 zum ersten Mal mit der Radionik in Kontakt kam, widerfuhr ihr große Hilfe von solchen Leuten wie Ruby Hodgson, Mabel Lloyd und Dr. Mary Walker, um nur ein paar zu nennen. Ihre diagnostische Arbeit war phantastisch, ihre Genauigkeit kann heute nicht verbessert werden."

Diese drei Damen, die ich alle kannte, waren ausgebildete Chiropraktikerinnen, die von Dr. Drown persönlich geschult wurden, und ich glaube, indem ich ihre Vorgehensweisen beschreibe, auch ihnen Tribut zu zollen. Ich zitiere dazu aus ihrem Hauptbuch *Theory and Practice of the Drown Radio Therapy*[24].

Auszug aus Vorträgen von Dr. Gladys Shutt

Über das Drown Instrument schrieb sie:

„Es ist so konstruiert, dass sich der Anwender wahlweise auf die verschiedenen Organe, Drüsen und Gewebe des Körpers einstellen und jede Wellenlänge des Patienten erhalten kann. Dann kann durch präzises Einstellen auf die erhaltene Wellenlänge der Grad der Abweichung vom Normalen bestimmt werden; und der Grad der Abweichung in der Energieproduktion und der molekularen Aktivität kann interpretiert werden.

Eindringende Organismen und kranke Gewebeformationen haben ihre eigenen molekularen Arrangements; ihre Gegenwart in den Körpergeweben kann angemessen werden, indem man sich auf die gleiche Weise auf die speziellen Frequenzen einstellt. Folglich hat der Arzt, der ein Drown Modell benutzt, genaue Möglichkeiten für eine Differentialdiagnose und ebenso für ein Funktionsdiagramm von Organen, Drüsen, Geweben und Körpersystemen.

Zur Sicherheit, das Drown Instrument ist ein *Instrument*, keine Maschine. Es ist nicht dazu gedacht, das Gehirn des Arztes zu verdrängen noch ein Ersatz dafür zu sein. Seine Verwendung, wie die eines Stethoskops, muss mit Weisheit, Aufmerksamkeit und Wissen kombiniert werden. Der Arzt muss dazu in der Lage sein, seine funktionalen Ergebnisse im Licht ihrer möglichen Effekte auf organische Funktionen und pathologische Entwicklungen zu interpretieren, und mit solchen Möglichkeiten im Geist das Gerät anschließend dazu verwenden, zu bestimmen, ob sie da sind oder nicht. Je größer sein Wissen über Anatomie, Symptomatologie, Physiologie, Histologie, Pathologie usw. ist, ein desto besserer Diagnostiker wird er und um so größer ist sein Gebiet von Nützlichkeit mit diesem Instrument.

---

24 Theorie und Praxis der Drown Radio-Therapie (2001 im Radionik Verlag)

Dr. Ruth B. Drown DC

Auf die gleiche Weise, wie der Anwender sich auf die verschiedenen Körperfunktionen und Krankheiten einstellt, kann er sich auf Heilmittel für die Eliminierung der Krankheitsschwingungen und deren Ursachen, die sie hervorrufen, einstellen. Speziell homöopathische Ärzte beurteilen das Drown HVR Instrument von unschätzbarem Wert wegen seiner Akkuratesse und Genauigkeit beim Überprüfen homöopathischer Heilmittel sowohl auf ihre Potenz als auch auf ihre Polarität in der Zerstreuung der Krankheitsreaktionen, die vom Instrument empfangen wurden."

Auszug aus Lektionen von Dr. Ruth B. Drown,
HVR Journal, März 1932

Herstellen einer Blaupause des Körpers

„Ist eine sorgfältige Diagnose zu schwierig? Auf diese Frage antwortet ein durchschnittlicher Arzt, der gewissenhaft ist und seine Arbeit kennt, mit einem emphatischen 'nein', aber der Oberflächliche, der nur für seinen Titel arbeitet und nicht für das Wissen, das er sammeln könnte, wird zustimmend antworten.

Dennoch befasst sich der Patient in der letzten Analyse tatsächlich mit der Frage, weil er Zutrauen zu dem Arzt hat und bei ihm bleiben wird, der begabt ist, und den verlassen, der es nicht ist.

Dies ist es unserer Meinung nach, warum wir Patienten haben, die ständig zu uns kommen und die vorher bei nicht weniger als 30 bis 40 Ärzten in der ganzen Welt waren, und die gemerkt haben, dass die ihnen durch unsere Arbeit gelieferte detaillierte Diagnose die unklaren Zustände aufgedeckt hat, die vorher so schwierig zu lokalisieren waren. Wir würden das ebenfalls schwierig finden, wenn wir nicht das HVR Instrument hätten.

In einigen Fällen haben wir Licht in einen Zustand gebracht, der vorher schon von einem anderen Arzt aufgedeckt war, doch jetzt stellt sich dieser gleiche Zustand nur als Teil eines ganzen Problems heraus. Konsequenterweise war der Patient wegen der ungewöhnlichen Begleitstörungen nicht schmerz- und beschwerdefrei.

Bei einem solchen Beispiel entdeckte ein Arzt in England etwas, das Diabetes zu sein schien, und verschrieb daraufhin eine Diät (von dieser Diät leiteten wir seine Diagnose ab). Wir fanden jedoch nicht nur den Diabetes, sondern entdeckten auch die Tatsache, dass dessen Basis ein tuberkulöser Zustand der Langerhans'schen Inseln im Pankreasschwanz war. Als zusätzlicher Faktor bei den Schwierigkeiten wurden Psoasabszesse[25] entdeckt. Wir lokalisierten an jeder Körperseite einen. Diese beeinträchtigten beide Hüften in einem solchen Maße, dass der Patient kaum in der Lage war zu laufen.

Wir brachten andere sich daraus ergebende Zustände und sogar Ursachen ans Licht. Hätten die vorigen Ärzte dieses Falles all diese entdeckt, wären sie in der Lage gewesen, dem Patienten zu helfen. Da sie ihm nicht helfen konnten, sind wir gezwungen daraus zu schließen, dass sie nicht die Wurzel des Übels erfasst hatten, weil er unter unserer Behandlung geheilt worden war.

Wir werden von Ärzten ständig nach der Korrektheit unserer Diagnosen gefragt. Wir werden auch ständig von den Laboratorien überprüft, was wir begrüßen.

Nachdem unsere Arbeit von vielen Ärzten sorgfältig geprüft wurde und wir zur gleichen Zeit das Wissen anderer Ärzte überprüften, ist es unsere eindeutige Meinung, dass es derjenige ist, der einen offenen Geist hat, der bewusst, wissenschaftlich, äußerst sorgfältig und immer bereit zu lernen ist, der das meiste lösen und als Resultat die größte Anzahl von Patienten haben wird.

Viele Male kommentierten Ärzte, die unser detailliertes Diagnoseblatt überflogen, 'Es ist zu schwierig, da durchzugehen'. Aber wir haben nie eine solche Reaktion von einem wie oben beschriebenen Arzt bekommen. Der weiß um den Wert sorgfältiger, wissenschaftlicher Diagnose."

Ruth B. Drown HVR Journal, Februar 1932

Offensichtlich ist eine vollständige und wissenschaftlich akkurate 'Blaupause' der Zustände im Körper eines Patienten für einen Arzt von unschätzbarem Wert. Dies ist mit dem HVR Instrument möglich, weil es auf jeden Teil des

---

25 Am Psoasmuskel entlang abwärtsgehender Senkungsabszess von tuberkulösen Wirbeln

Körpers zur Messung von Funktion und Erkrankung eingestellt werden kann. Tatsächlich ist die Messung der Funktion der Drüsen und Organe des Körpers die fundamentale Basis, auf der eine Diagnose mit diesem Instrument gestellt wird.

Beim Testen mit dem HVR ist der erste Schritt deshalb das Erfassen der Funktion dieser verschiedenen Organe und Drüsen, sowie der Blutadern und des Nervensystems. Dann wird ein Differentialblutbild gemacht, gefolgt von einer Urinanalyse. Wenn gewünscht, können zusätzlich Blutdruck, Temperatur, eingeklemmte Nerven und Diät mit dem Instrument überprüft werden. Dies ergibt ein komplettes Fundament für das Verfahren zur Krankheitsdiagnose.

Wenn der Arzt eine zuverlässige Fallgeschichte hat, wird an diesem Punkt durch den Prozess der Elimination viel Zeit und Arbeit eingespart.

... Es ist ziemlich wichtig die Symptome zu kennen, das Alter, das Gewicht und die Größe des Patienten, ob er sich Operationen unterzogen hat, seine Kinderkrankheiten und die Möglichkeit kongenitaler Erkrankungen in der Familie. Es ist immer wünschenswert den Blutdruck zu kennen, damit der Arzt das mit dem Instrument überprüfen kann.

Als Beispiel für den Wert einer zuverlässigen Diagnose und für den Nutzen, den der Arzt aus dem HVR Instrument ziehen kann, sei folgender Fall geschildert.

Ein Patient mit hohem Blutdruck kam herein. Die Urinanalyse zeigte eine leicht basische Reaktion, die von einigen Medikamenten hätte herkommen können, die für den Blutdruck eingenommen wurden. Dieser variierte von 140 bis 150 zu 100 bis 110. Bisher wurde für diesen abnormalen Zustand keine Ursache gefunden, wurden wir informiert.

Eine Überprüfung mit dem HVR zeigte, dass die Nieren normal funktionierten, oder jedenfalls fast. Das Zwischenzellgewebe der linken Niere schien normal zu sein, wohingegen das der rechten nur eine Messung von 2/10 (normalerweise wäre mit diesem Instrument 8/10 durchschnittlich, 10/10 ganz normal) aufwies. Als Erkrankung kam hier 'zusammengezogene Niere' durch und zeigte die Gegenwart von Entzündung einige Zeit vorher.

Eine Befragung des Patienten, ob da irgendwann einmal ein schweres Fieber oder eine andere Erkrankung, die eine solche Entzündung hervorgerufen haben könnte, aufgetreten war, brachte die Tatsache ans Licht, dass er vor etwa einem Jahr einen Blinddarmdurchbruch mit so viel Eiter hatte, dass zwei Operationen notwendig waren, um ihn abzuleiten. Dieser Zustand hatte offensichtlich viele Probleme im Zwischenzellgewebe der rechten Niere verursacht und ließ die Gefäßbehinderung erkennen, die für die Herzlast verantwortlich war.

Das Herz war vergrößert, beide Herzkammern zeigten eine Überfunktion. Beide Koronararterien und der Herzmuskel zeigten nur die Hälfte der normalen Kapazität. Der systolische Blutdruck wurde mit 145, der diastolische mit 100.6 ermittelt, was eng mit der Geschichte früherer Messungen übereinstimmte.

Wer hätte normalerweise die Schwierigkeit als die des Zwischenzellgewebes der Nieren diagnostiziert, wenn die Urinanalyse nichts angezeigt hat?

Der Patient sagte zufällig, dass Urinanalysen, die von anderen Labors gemacht worden waren, ungefähr die gleichen Resultate ergeben hätten wie unsere. Wir könnten hinzufügen, dass wir unsere Analyse mit zwei Methoden durchführen - eine mit der normalen Laborprozedur, die andere mittels des HVR. Beide werden mit Urinmustern gemacht und die Resultate waren fast identisch.

Dr. Ruth B. Drown DC

Drown Mechanischer Detektor

Modell A-458 - Vollständiges Büromodell mit 7.62 cm[26] Oszilloskop. Dieses Instrument behandelt mit jedem HVR Instrument oder kann für spezielle Behandlungen mit dem neuen Verstärker verwendet werden, der in der Diagnose mit dem Oszilloskop angewandt wird (keine Spezifikation erhältlich).

---

26 3 Zoll

Meine Suche nach radionischen Wahrheiten

Senderaum der Drown Laboratorien

7

Das Aufdecken der Konzepte des Darrel Butcher

Schöpfer des ersten automatischen Radionikinstruments

Ist das zu hoch gegriffen? Ich denke nicht, und meine Gründe dafür werden folgen. Um aber die Frage entsprechend zu beantworten, ist es zunächst notwendig, sich zu bemühen, Butchers Denken zu verstehen, weil er nie etwas ohne Grund tat.

Einen Großteil seines Lebens war er Luftfahrtingenieur, eine Karriere, die sich als unschätzbar erwies, als er sich in den 50er Jahren für die Radionik zu interessieren begann, und die Jahre später zu einzigartigen Experimenten und Forschung führte.

Am Anfang merkte er, dass er nicht in der Lage war, die konventionellen Mittel der Messung des radionischen Impulses 'Stick' oder Pendel zu verwenden, aber wo die meisten Menschen aufgegeben und ein anderes Gebiet für ihre Bemühungen gesucht hätten, überwand er mit seiner Kreativität und technischen Begabung dieses Hindernis, indem er einfach seine ganz eigenen Instrumente entwarf. Mindestens einige schienen von ganz alleine zu funktionieren, wohingegen andere den Geist des Anwenders benötigten.

Jetzt sind unveröffentlichte Informationen über seine Experimente zusammen mit interessanten Kommentaren von ihm selbst ans Licht gekommen. Diese beabsichtige ich zu bringen, zusammen mit Illustrationen und Beschreibungen von acht seiner Instrumente.

Bevor ich aber damit anfange, muss ich seiner außergewöhnlichen Kreativität Anerkennung zollen, und der ganz wunderbaren Präzisionsarbeit bei der

Konstruktion. Er machte jedes Stück der Ausrüstung selbst, und alle waren Meisterstücke in Design und Ausführung. Davon will ich Fotos zeigen.

Mit Ausnahme des Pegotty finde ich seine Instrumente viel zu zeitaufwendig für die Alltagsarbeit, aber ich konnte sie alle in seinem Labor benutzen und tat das auch.

Während ich seine Arbeit beschreibe, bringe ich Notizen dessen, was er im Sinn hatte und markiere das mit dem Buchstaben 'B' vor diesen Absätzen.

B „Wir diskutieren zunächst das Herunterregnen. Dies ist eine bekannte Kraft. Ihr wurden viele Namen gegeben. Meine persönliche Meinung ist, dass verschiedene Personen unterschiedliche Mengen dieser Kraft, die uns jedoch immer umgibt, anzuziehen vermögen. Und dass sie unter normalen Umständen senkrecht nach unten kommt und dies nur für uns nutzbar gemacht werden kann, wenn wir an den Gesetzen des Lichts festhalten, von denen eines lautet: 'Schwingungen des Äthers verlaufen nicht in der Richtung der Welle, sondern in einer Ebene im rechten Winkel dazu und das nennt man transversale Schwingungen.' Dieses Zitat stammt aus Ganots Physik."

B „Das Meter ist nur für diejenigen von Bedeutung, die nicht Stick oder Pendel verwenden können. Das Meter war für mich notwendig, weil ich nicht dazu in der Lage war eines davon zu nutzen. Was für mich die ganzen 14 Jahre des Experimentierens ein großer Vorteil war. Wenn man das Meter benutzen muss, hat man eine nützliche Vergleichsform. Denn das ist es, was Meter sind. Sie sind Vergleicher. Meter waren im Verlauf dieser Zeit von verschiedener Größe und Gestalt. Das jüngste, von dem angenommen wird, dass es das beste ist, ist sehr einfach, obwohl ich annehme, dass es nicht das letzte sein wird."

Ich will nun seine Instrumente beschreiben und beginne mit dem Meter. Ich glaube, dass dies eines seiner frühen Versuche war. Es ist aus schwarzem Plexiglas gemacht, mit einer kreisförmigen Leiste von 2.54 cm[27] Höhe und 15.24 cm[28] Durchmesser. Deckel und Boden sind fixierte sechseckige Plexiglasplatten. Das zentrale Innere ist bedeckt, um die Funktionsteile zu verdek-

---

27 1 Zoll
28 6 Zoll

ken, mit Ausnahme eines weißen Messschalters aus Plexiglas und einem Nadelarm, der aus der Aufhängung hervorragt. Auf der Spitze befindet sich ein kleiner schwarzer Ring mit einem Loch darin, wahrscheinlich für eine Nadel, auf der ein kleiner Metallhalter für das Patientenmuster balanciert werden kann. Die Füße können zur Nivellierung eingestellt werden.

Meter I

Wenn man die obere Platte abnimmt, finden wir darunter die Befestigung der Nadelaufhängung, eine Platte 13.97 cm[29] im Durchmesser, mit einer deutlich eingravierten Archimedischen Spirale und einen vom Zentrum zum Außenrand führenden sorgfältig abgeschrägten Schlitz.

Ein Teil der Archimedischen Spirale ist mit schwarzem Papier ähnlichen Designs abgedeckt. Auf der Innenseite des Rahmens ist eine wunderschön gravierte Ausführung eines Pfeils aus durchsichtigem Plexiglas 15.24 cm[30] lang und 2.54 cm[31] breit an einem Ende. Dieser muss flach eingraviert und dann gebogen worden sein, um in das Meter zu passen.

---

29 5½ Zoll
30 6 Zoll
31 1 Zoll

Meine Suche nach radionischen Wahrheiten

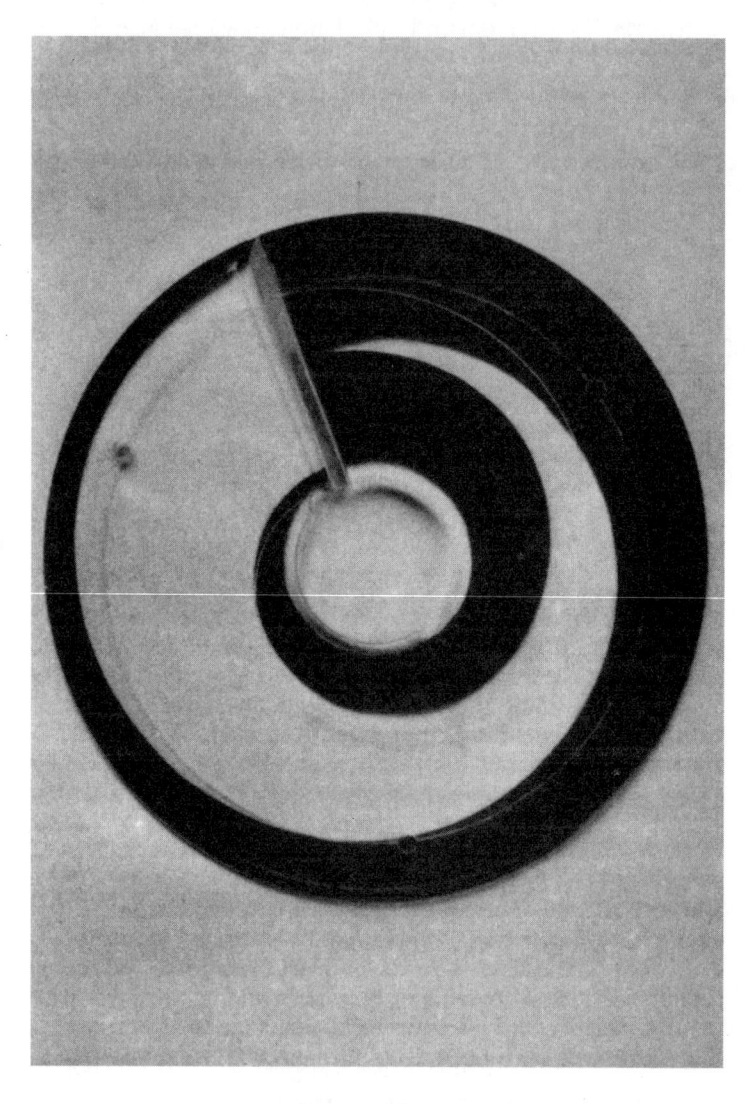

Interne Platte

Das Aufdecken der Konzepte des Darrell Butcher

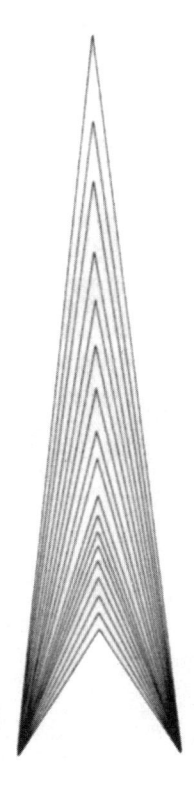

Pfeilmuster

Meter 2

In allen anderen Metern, die ich gesehen habe, ist das Gerüst rechteckig. Die Nadeln scheinen verschiedene Ausführungen zu haben. In diesem Meter liegt die Archimedische Spirale auf der Bodenplatte und ist aus schwarzem Papier.

Meter 3

Hier haben wir wieder eine schwarze Bodenplatte, aber darüber und unter der Nadelaufhängung finden wir etwas anderes, das nur mit dem folgenden Foto richtig eingeschätzt werden kann.

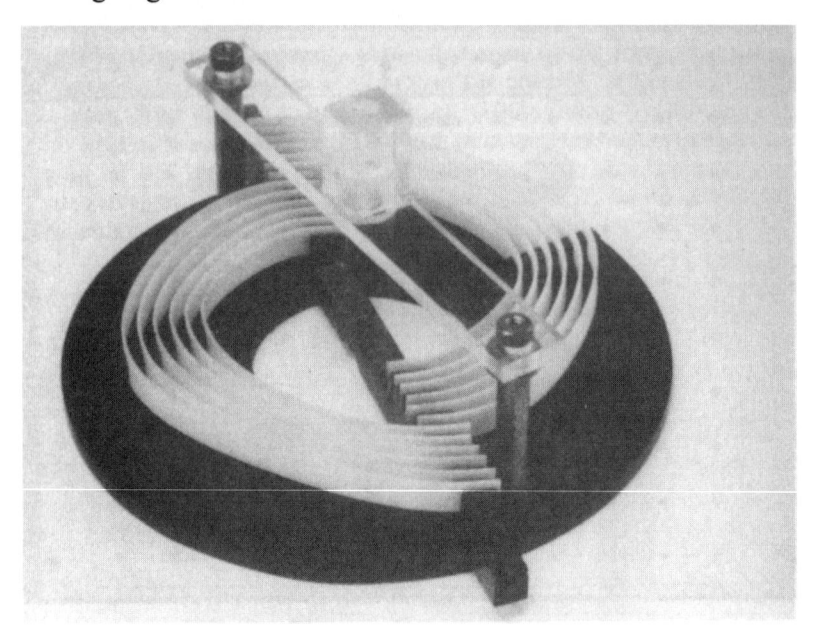

Meter III

B „Es wurde festgestellt, dass sich ein frei aufgehängter Kegel aus dünnem Papier in Gegenwart einer menschlichen Aura im Uhrzeigersinn dreht; ich denke, dass dies an der Fundamentalen Kraft liegt, und um sie als menschliche Wesen zu nutzen, müssen wir sie zuerst in eine Spirale umwandeln und dies ist der Grund, warum man in der Radionik so viel von Spiralen hört."

B „Wenn der Anwender den Patienten ansieht und dabei mit einer Maschine in Resonanz steht, dann reagiert das Meter im Uhrzeigersinn und nimmt dabei die Spirale des Anwenders auf. Oder das ist es, was zu geschehen scheint. Und das ist die Basis unserer Diagnose."

B „Dies wurde alles in das neueste Modell eingebaut und eine zylindrische Form wurde innerhalb des Rotationsbalkens simuliert. Der Rotationsbal-

Das Aufdecken der Konzepte des Darrell Butcher

ken selbst, der als Basis für die Nadel dient, hat einen kleinen Stiftmagneten und dieser wiederum wird von zwei weiteren, einem an jeder Seite, abgestoßen. Das komplette Stück kann zur Zentrierung eingestellt werden."

Jetzt müssen wir unsere Aufmerksamkeit auf sein Pegotty Instrument richten.

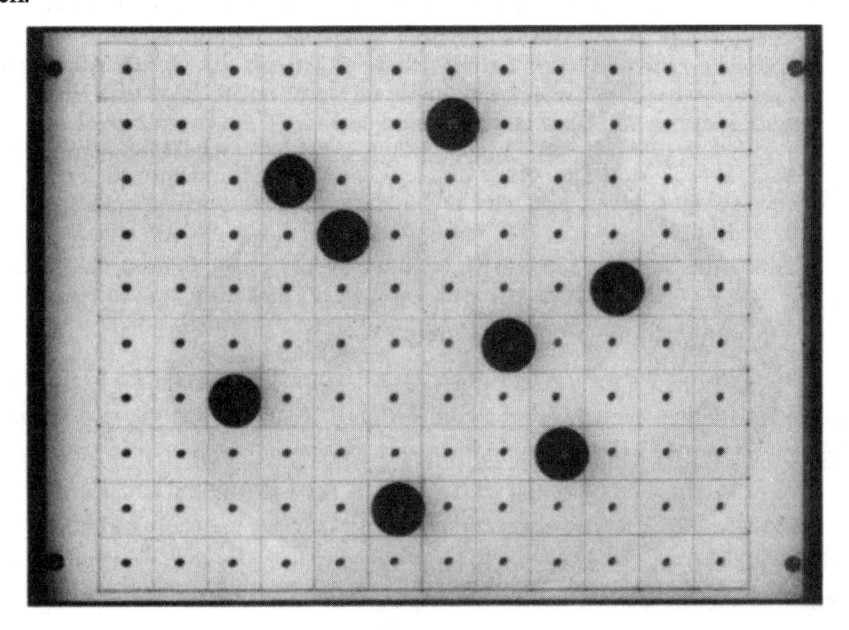

Pegotty

Es besteht aus einem schwarzen Plexiglasgehäuse mit einem weißen Plexiglasdeckel, der mit einem rechteckigen Aufdruck von 15.24 x 12.7 cm[32] markiert und damit in 120 Quadrate eingeteilt ist. Jedes Quadrat weist ein kleines Loch auf, das einen runden schwarzen Stift (peg) aufnehmen kann. Es gibt eine zweifache senkrechte Linie in der Mitte und die beiden Quadratkolumnen beiderseits repräsentieren die Zahl fünf.

---
32   6 x 5 Zoll

Meine Suche nach radionischen Wahrheiten

B „Man fand heraus, dass, wenn eine aus schwarzen und weißen Komponenten gemachte Oberfläche in eine geeignete Position gebracht und ein querlaufender Lichtstrahl darüber reflektiert wird, dann kann eine Botschaft, oder was es auch immer sein mag, zu einem in der Nähe befindlichen Patientenmuster reflektiert werden. Und kurz gesagt, das ist es.

B „Es muss nichts weiter dazu gesagt werden, außer noch auf die Form der Botschaft einzugehen."

B „Und wir finden, dass unsere Botschaft aus den Wellen besteht, die entweder angezogen oder abgestoßen werden, wenn wir den Gesetzen des Lichts gehorchen, indem wir sagen, dass weiß reflektiert und schwarz absorbiert, und dazu auf der Platte eine Mischung von Schwarz und Weiß installieren."

B „Das Pegotty ist natürlich anhand dieser sehr breiten Prinzipien aufgebaut. Es gibt 10 weiße Zeilen in der 'Botschaftenabteilung', die, wenn nötig, von 10 schwarzen Stiften unterteilt werden und man fand heraus, dass die Wellenformen, die bereits in der Radionikwelt verwendet werden, tatsächlich passen. Sie reagieren und heilen oder behandeln, was auch immer das Wort sein mag, auf höchst befriedigende Weise."

B „Für das Pegotty benötigt man nicht unbedingt ein helles Licht, weil ein helles Licht nicht unbedingt eine größere Kraft bringt. <u>Die Stärke der Kraft im Raum unterliegt der Kontrolle oder der Befähigung des Anwenders. Und das ist sehr wichtig</u>[33]. Es wird ein mittleres Licht gefordert. Es ist kein Vorteil, wenn das Licht in einem Winkel von 45° oder in einem anderen Winkel einfällt, weil die Fundamentale Kraft direkt von oben kommt, und warum sollte man sie mit einen Lichtstrahl kreuzen und Interferenzen hervorrufen?"

---

33 Unterstreichungen von Butcher

Das Aufdecken der Konzepte des Darrell Butcher

Pegotty und Meter

Butcher stellte auch ein Instrument her, das sowohl aus Meter als auch aus Pegotty bestand, wie im Foto illustriert. Obwohl das in seinen Aufzeichnungen nicht erwähnt wird, benutzte Butcher dieses Instrument, indem er eine Rate auf dem Stiftbrett setzte, entweder für eine Drüse, ein Organ oder eine Krankheit, und die Antwort auf dem Meter beobachtete. Ich habe das in Funktion gesehen.

B „Warum das funktioniert, ist insofern etwas schwierig, weil es alles vollständig vom Anwender abhängig zu sein scheint. Dennoch wurde ein gesetztes Meter von außen durch ein Fenster beobachtet und es wurde festgestellt, dass es weitere 20 Minuten weiter arbeitete, nachdem der Anwender den Raum verlassen hatte, aber anschließend schien es schwächer zu werden."

Meine Suche nach radionischen Wahrheiten

B „Ob es das Setzen oder das Meter ist, das die menschliche Gegenwart benötigt, weiß ich nicht. Es mag sein, dass das Ätherische des Patienten vollständig aufgeladen wird."

B „Man fand auch heraus, dass der Anwender nicht so sehr erforderlich ist wie in der Vergangenheit, weil die Maschine dazu in der Lage ist, selbständig zu funktionieren."[34]

'Strohhut'

B „Spielereien, 'Strohhüte' genannt, wurden hergestellt und verwendet und bewiesen zu unserer vollen Zufriedenheit, dass es so etwas wie eine radionische Welle gibt, und ich glaube, dass dies bis jetzt die Frage war, zumindest für einige."

B „Wenn man die Arbeitshypothese des Pegotty akzeptiert, dann findet man, dass fast der gleiche Effekt erzeugt werden kann, wenn man kleine Papierstücke mit 12 x 10 Quadraten ausschneidet und mit 0.16 cm[35] Löchern in allen Zeilen durchbohrt, wo normalerweise die Stifte im Pegotty sitzen."

---

34 Mein Kommentar AUTOMATISCH
35 1/16 Zoll

Das Aufdecken der Konzepte des Darrell Butcher

B „Nachdem diese hergestellt waren, wurden sie auf den Rand eines Artikels gelegt, den wir 'Strohhut' nannten, einfach weil er so aussah. Er wurde frei schwingend auf eine Nadel gesetzt. Darunter war eine Lampe angebracht, die einen Lichtstrahl horizontal nach außen durch die Seiten des Strohhuts erzeugte."

B „Die Lampe erzeugte aufsteigende Hitze an der Oberseite des Strohhuts, der sich wegen der Hohlkehlen in einer Richtung drehte."

B „Unter sonst gleichen Umständen sollte der Strohhut, wenn er sich einmal in Übereinstimmung mit der aufsteigenden Hitze dreht, nicht mehr aufhören. Es wurde aber herausgefunden, dass das Ding verzögert und anhält, wenn ein Patientenmuster in die Nähe der sich drehenden Hutkrempe plaziert wird, und das Symptom, an dem der Patient leidet, auf einem unserer Stücke Millimeterpapier vorbeikommt. Manchmal geht es vorbei und kommt zurück, aber was auch immer passiert, es hält an."

B „Dies ist ziemlich aufschlussreich und kann nützlich sein. <u>Es ist eine Form der Diagnose, über die wir keine Kontrolle haben und die wir nicht beeinflussen.</u>"[36]

B „Es ist speziell in Bezug auf Toxine und Hormone nützlich und wir verwenden auch Farben zur Behandlung auf diese Weise. Hier haben wir wieder die Geschichte mit den Kegeln. Es ist das Herunterregnen."

B „Zu dem Zeitpunkt, wenn man einen wirklich guten Stick bekommt, dreht sich der Strohhut in entgegengesetzter Richtung, weil man ein Herabregnen von oben auf die Rückseiten der Hohlkehlen bekommt und anstatt dass die Luft es von unten in eine Richtung drückt, drückt das Herabregnen in die andere. Es ist unglaublich, dass es so stark sein kann."

B „Ein kleines Instrument wurde entwickelt, das ziemlich verwirrend ist und einige wissenschaftliche Typen beunruhigt hat. Es besteht aus drei frei aufgehängten Papierkegeln, etwa wie ein Windmeter. Man fand heraus, dass

---

36 Unterstreichung durch Butcher. Mein Kommentar AUTOMATISCH

sie sich rückwärts bewegen, das heißt in Richtung ihrer Basis, wenn sie in einem Raum sind, wo Resonanz mit einem Patienten herrscht. Das bedeutet, wenn wir etwas haben, was man gewöhnlich als Stick bezeichnet, dann finden wir, dass diese unglaubliche Brise daherkommt und diese Dinger in die entgegengesetzte Richtung bläst als sie sollten.

B „Dies verwirrte uns jahrelang und nach weiterer Überprüfung fanden wir heraus, dass alles aufhörte, wenn wir ein Brett über den Kegeln anbrachten. Es sieht also so aus, als wenn das ein weiteres Beispiel für die Fundamentale Kraft wäre, heruntergebracht und beschleunigt durch die Tatsache, dass wir unser Ziel erreicht haben und die Außenseite der Kegel, die einen 45° Winkel aufweisen, zusammenstoßen und sie in Richtung ihrer Basis vorwärtsstoßen."

B „Die Leute waren verwirrt, weil die Kegeleinheit auf ein Fensterbrett gestellt wurde, Luft fing sich in ihnen und sie drehten sich unbekümmert in die normale Richtung, was in Richtung Spitze ist, angetrieben vom Wind. Und es ist sehr seltsam anzusehen, wenn sie anhalten, taumeln, kämpfen und schließlich in die entgegengesetzte Richtung drehen."

Über dieses Instrument habe ich keine Aufzeichnungen von Butcher, es folgt aber ohne Zweifel dem Muster von Meter und Pegotty. Ich kann deswegen nur eine Beschreibung mit den Maßen geben.

Aufrechtstehendes Behandlungsinstrument

Ich beginne mit der Frontblende. Sie besteht aus schwarzem 20.32 x 20.32 cm[37] Plexiglas, mit neun Schaltern, die mit Punktringen in weißer Farbe markiert sind. Es gibt auch einstellbare Schalter, die an einem Punkt der Seite eine Aussparung haben. Der äußere Punktring ist ständig sichtbar. Der innere Ring kann nur gesehen werden, indem der Schalter gedreht wird, bis die Aussparung den entsprechenden Punkt auf der Blende erreicht. Ein kleines Loch ist

---

[37] 8 x 8 Zoll

45° von der Schalterebene neben jedem Schalter gebohrt. Die Punkte sind nicht gleichweit voneinander entfernt.

Die Gesamthöhe mit Boden beträgt 26 cm, Tiefe 24.5 cm.

Auf der Rückseite der schwarzen Blende befindet sich eine transparente Platte 19.05 x 19.69 cm[38], auf der für jeden Schalter ein rundes schwarzes Papierstück von 12.7 cm[39] Durchmesser mit einer Ausstanzung in Form einer Archimedischen Spirale aufgeklebt ist. Darüber befindet sich eine schwarze Plexiglasscheibe mit einem 1 cm breiten Schlitz von der Kante bis fast zum Zentrum. Diese kann von vorne eingestellt werden. Schließlich kommt noch eine weiße 4.5 cm große Scheibe.

---

38 7½ x 7¾ Zoll
39 5 Zoll

Meine Suche nach radionischen Wahrheiten

Warum hat sich Butcher mit diesem Instrument so endlose Schwierigkeiten aufgehalst, und was hatte er im Sinn, als er es entworfen hat? Das war das Rätsel, das ich lösen musste. Ich meinte, dass es vielleicht mit den beiden Punktreihen zu tun haben könnte. Vielleicht gab es da eine Verbindung? Das erwies sich als falscher Weg. Also machte ich eine Skizze der beiden Punktringe und versuchte Linien zwischen jedem Punkt und allen anderen zu ziehen. Dies brauchte lange Zeit, weil ich noch beide Ringe benutzte. Auch das erwies sich als wertlos. Ich machte einen letzten Versuch, verwandte aber diesmal den inneren und den äußeren Ring getrennt, und das Resultat mit diagonalen Linien war vielversprechend. Zumindest hatte ich ein Muster.

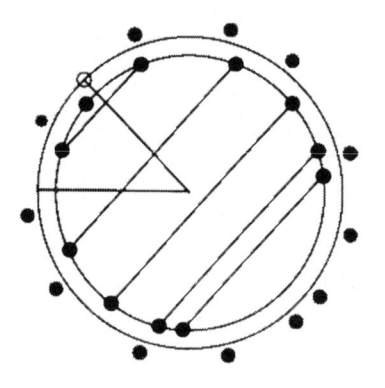

Ringe

Ich hatte noch keine Ahnung, was sie bedeuten könnten. Mein nächster Versuch war deshalb das Ausmessen der Entfernung zwischen den Punkten auf jedem Ring und heraus kam eine faszinierende Entdeckung.

Das Aufdecken der Konzepte des Darrell Butcher

Innerer	*Äußerer*
1.1	0.8
1.6	1.3
1.2	1.1
0.9	1.6
0.4	1.3
***3.2	1.1
0.4	***0.5
0.9	1.1
1.2	1.3
1.6	1.6
1.1	1.1
	1.3
	0.8

Man kann sehen, dass es keine Beziehung zwischen den einzelnen Reihen gibt, aber jede hat eine zentrale Balancegröße, von der aus die Messungen in beiden Richtungen die gleichen sind.

In dem Bestreben, eine Interpretation dieser beiden Zahlenreihen zu finden, innere und äußere, und der Diagonallinien, und in dem Wissen, dass Butcher an Licht interessiert war, meinte ich, dass ich nach einer Theorie Ausschau halten sollte, die in diesem Fall passt. Eine endlose Aufgabe, aber schließlich stolperte ich über die Behauptung von Huygen (um 1680), bekannt als das Huygensche Prinzip, und darin glaube ich, die Erklärung für das Gesuchte gefunden zu haben.

Meine Suche nach radionischen Wahrheiten

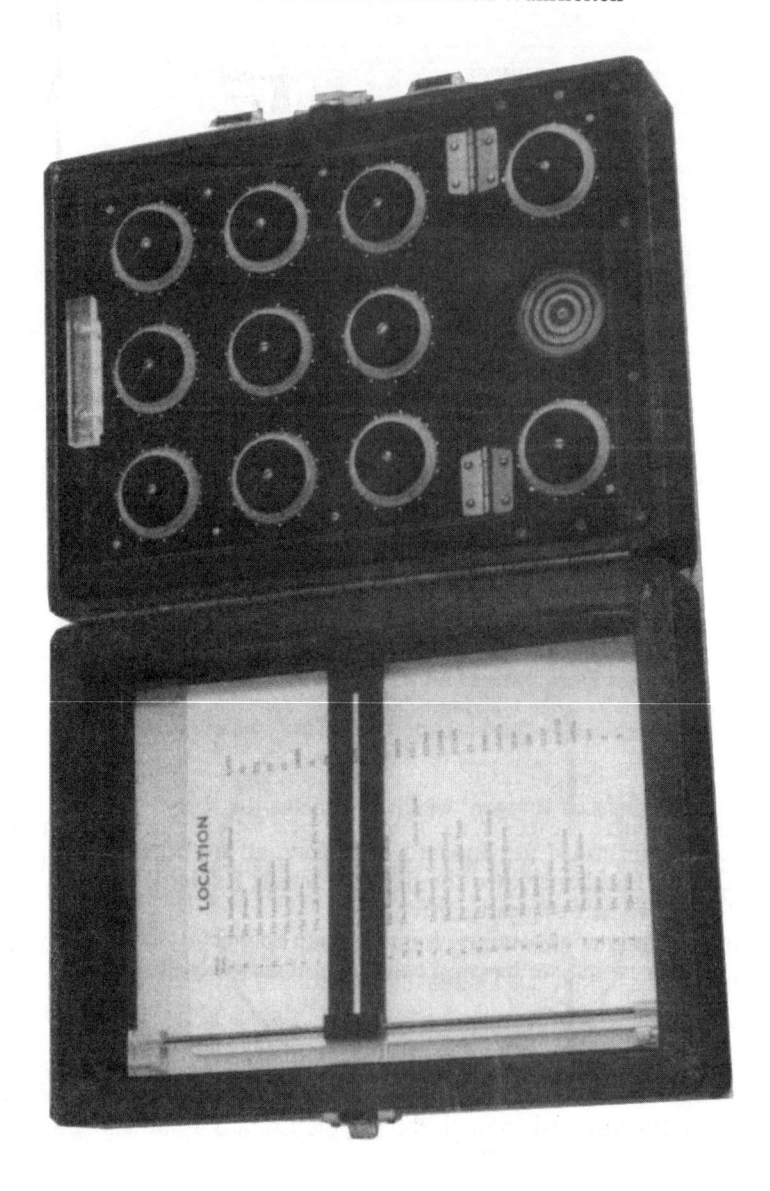

Aufrecht stehendes Instrument und Delawarr Karten

Das Aufdecken der Konzepte des Darrell Butcher

Bevor ich aber irgendwelche Schlussfolgerungen ziehe, muss ich ein weiteres Instrument vorstellen, das auf ähnlichen Grundsätzen aufgebaut ist (siehe Abbildung gegenüber)

Das Foto zeigt die Frontblende flach liegend, sie kann aber in aufrechte Position gestellt werden. Die Schalter sind exakt die gleichen wie beim vorigen Instrument, haben aber 'Schnell-Stick' Messpunkte. Die beiden Punktringe sind ebenfalls identisch. Es gibt aber zusätzlich zwei weitere Ringe an der Vorderseite der Blende. Unter dem linken befindet sich ein von oben einstellbares Prisma. Der rechte hat darunter ein Doppeldreieck ... eines befestigt, das andere einstellbar. Der zentrale Schalter hat ein kleines Loch, wahrscheinlich für eine Nadel und einen balancierenden Streifen, wie er in allen Butcher Instrumenten verwendet wird. Das Ganze ist in einem Tragekasten eingeschlossen und im Deckel befindet sich eine Vorrichtung für ein Set von Delawarr Diagnostikkarten mit einem einstellbaren Gleitarm.

Mir verbleibt nun, mit der verfügbaren Information zu bestimmen, was hinter Butchers Denken im Entwurf seiner Instrumente steht. Nicht durch uninformierte Spekulation, sondern durch wissenschaftlich akzeptable Tatsachen. Butcher hätte auch nicht anders gearbeitet.

Ich habe das getan und meine Erkenntnisse sind, dass sie alle auf drei wissenschaftlich akzeptablen Konzepten beruhen.

1. 'Das Prinzip des Lichts', das er aus *Elementary Treatiese on Physics*[40] von Professor Ganot entnahm. Die fünfte Auflage, illustriert mit einem Farbbild und 726 Holzschnitten, wurde 1892 von E. Atkinson, PhD., F. C. S. übersetzt. Dies gab seine ursprüngliche Inspiration und es war das Buch, von dem er sagte, dass er es von einem Bücherstand auf der Straße für 5 Penny gekauft hat.

---

40 Elementare Abhandlung über Physik

2. 'Das Prinzip der Archimedischen Spirale', das sich durch all seine Arbeiten verfolgen lässt.
3. 'Das Huygensche Prinzip', was die Geschichte vervollständigt.

Die am Anfang des Kapitels aufgestellte Behauptung, dass Butcher das erste automatische Radionikinstrument gemacht hat, stellt sich deshalb letztlich als nicht so phantastisch heraus.

Butcher beantwortete das selbst, als er schrieb, „Es ist eine Form der Diagnose, über die wir keine Kontrolle haben und die wir nicht beeinflussen."

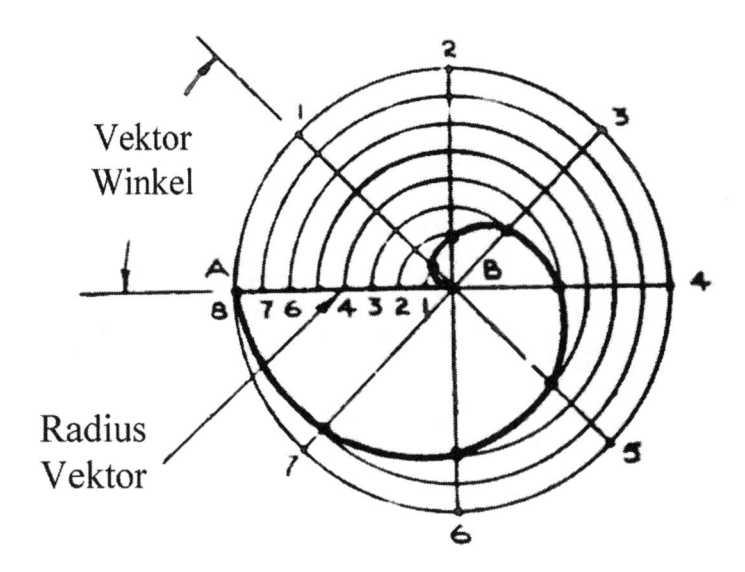

Das Aufdecken der Konzepte des Darrell Butcher

Vektor Winkel

Radius Vektor

Archimedische Spirale

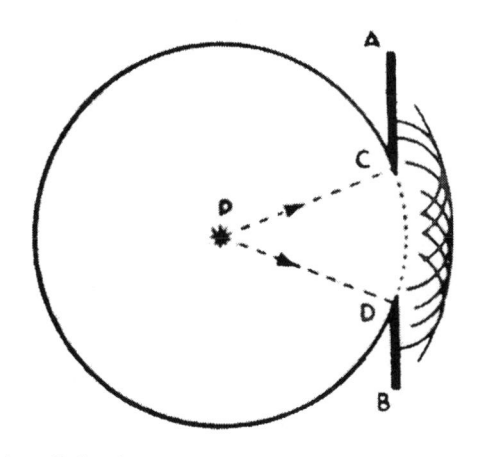

Huygensches Prinzip

Meine Suche nach radionischen Wahrheiten

8

Dinshah Ghadiali 1872 - 1966

Spektrometrische Therapie

Ein Buch über Radionik wäre ohne ein Kapitel über Farbe nicht vollständig. Ich habe dafür die Arbeit eines ganz bemerkenswerten Manns ausgewählt, der in Bombay in eine Familie mit Zoroastrischem Glauben geboren wurde und ein Leben von erstaunlichem Ausmaß und Unternehmung führte. Seine Arbeit und die Tiefe seiner Forschungen sind phänomenal. Ein paar Punkte seiner Leistungen geben eine Vorstellung seiner Qualifikationen.

„Er wurde zum Direktor des Telefon- und Telegraphenwesens im Staat Dholpur ernannt; er besuchte Amerika zum ersten Mal im Jahr 1896, wo er Thomas Edison, Nikola Tesla und andere bekannte Wissenschaftler traf; er gab Vorlesungen über Radioaktivität und Röntgenstrahlung; er führte Kampagnen für eine Reihe ziviler Reformen in ganz Indien durch; er baute eine medizinische Praxis auf; er wurde Bühnenmanager des Bombay Theaters; er wurde Beauftragter als Captain der New York Police Aviation School[41]; er schrieb die drei Bände des Werks *Spectro Chrome Metry Encyclopedia*[42]; er wurde mit Preisen für seine Leistungen in Englisch, Persisch und Religion und schließlich acht orientalischen und acht okzidentalen Sprachen ausgezeichnet."

Dies ergibt ein Bild der Breite und Menschlichkeit dieses Mannes. Ich habe nicht die Absicht, über seine Heiltechniken zu schreiben, weil es dazu ausgezeichnete Ausführungen über die Anwendung von Farbtherapie von seinem Sohn, Darius Dinshah in *The Spectro-Chrome System*[43] gibt.

---

41 Fliegerschule der New Yorker Polizei
42 Spektrometrische Enzyklopädie
43 Das spektrochrome System

Meine Suche nach radionischen Wahrheiten

Es gibt jedoch einen Aspekt, von dem ich denke, dass er besser bekannt sein sollte, nämlich sein Zugang, der zu seiner experimentellen Forschung und schließlich zur Niederschrift seiner dreibändigen Enzyklopädie führte.

'Pfeile des Spotts'

1. „Die Seiten der Geschichte sind mit Erfahrungen von Pionieren gepflastert. Am 19. Januar 1736 wurde in der Familie eines Schotten in Grenock ein Sohn geboren. Dieser Junge, James Watt, hatte einen Sinn für Mechanik und eines Morgens, als er mit seinen Eltern am Frühstückstisch Tee trank, sprang plötzlich der Deckel des Teetopfs auf. Dies war nichts Besonderes und der Junge fragte seinen Vater, warum der Deckel des Teetopfs abflog, und als dieser mit dem Wort 'Dampf' antwortete, begann sich der Geist des jungen Möchtegern-Ingenieurs auf den Weg zu machen, bis er nach einem gründlichen Studium der Eigenschaften von Dampf und den plumpen Dampfmaschinen von Newcomen 1765 seine Idee der kondensierenden Dampfmaschine perfektionierte, was der Welt den ersten Impuls der mechanischen Zivilisation gab."

2. „Am 9. Juni 1781, im Haus von Robert Stephenson, einem englischen Feuermann für Kohlenmaschinen in Wylam in der Nähe von Newcastle, wurde ein Sohn geboren, den er George nannte. Dieses Produkt einer einfachen Hütte wurde mit 14 Jahren Unterfeuermann seines Vaters. Er konnte nicht lesen, aber er besuchte, angetrieben von dem Wunsch, die Erfindungen von James Watt zu studieren, eine Abendschule. Er wurde 1822 Ingenieur der Stockton & Darlington Eisenbahn und im Oktober 1829 fuhr er auf den Schienen der Liverpool & Manchester Eisenbahn die Lokomotive 'Rocket', die den Preis von $2.500 gewann. Diese Maschine befindet sich nun im Kensington Museum in London, England. Sie ist der Vorfahr der späteren dampfgetriebenen Lokomotiven."

3. „Man denke an die erste funktionierende Lokomotive in diesem Land! Sie wurde von Peter Cooper gebaut und nach Augenmaß ausgestattet. So klein sie war, konnte sie doch 40 Menschen mit einer Geschwindigkeit von 18 Meilen pro Stunde[44] ziehen und wurde 1830 auf den Schienen der

---

44 28.96 km/h

Baltimore & Ohio Railroad betrieben. Sie erzeugte eine ziemliche Aufregung in jenen Tagen. Die Wissenschaftler und die Herren Misstrauen schüttelten die Köpfe voller Zweifel. 18 Meilen pro Stunde war eine zu schreckliche Geschwindigkeit für den menschlichen Körper! Der Brustkorb würde mit größter Gewissheit durch den enormen Druck der Atmosphäre nachgeben! Trotz aller Mutmaßungen geschah nichts und heute können wir mit über 450 Meilen pro Stunde durch die Luft fliegen, ohne unserem Brustkorb einen weiteren Gedanken zu widmen."

„Was geschah mit Alexander Bell? Am 3. März 1847 in Edinburgh, Schottland, geboren, wanderte er mit seinem Vater 1870 nach Canada aus. 1876 stellte er sein elektromagnetisches Telefon aus, aber niemand hieß es gut außer als Kuriosität. Auf der Jahrhundertausstellung in Philadelphia, Pennsylvania, zeigte Bell es dem Kaiser Dom Pedro von Brasilien, der den Empfänger sofort fallen ließ, als er eine menschliche Stimme durch den Draht hörte, und dabei sagte: „Mein Gott! Es spricht!" Bell benötigte fast acht Jahre, bis er die finanzielle Basis erreichte, indem er die Öffentlichkeit vom Wert des Telefons überzeugte."

„So funktioniert die Welt in allen Fällen. Als George Westinghouse 1869 die Luftdruckbremse erfand, schrieb er an Cornelius Vanderbilt und bat um ein Interview, worauf er die lakonische Antwort erhielt, „Ich habe für verdammte Idioten keine Zeit!" Später, als Westinghouse ein erfolgreicher Geschäftsmann und Millionär war, schrieb ihm der gleiche Herr und fragte, ob er ihn treffen könnte. Er erhielt die Antwort, „Ich habe für verdammte Idioten keine Zeit."

„Drangsal und Prozesse für Pioniere der Heilkunst gab es mannigfaltig und viele."

„Als 1796 Samuel Hahnemann, unzufrieden mit den der Allopathie zugrunde liegenden Prinzipien seine Doktrin 'Similia similibus curentur' oder 'Ähnliches heilt Ähnliches' verbreitete, das heißt Krankheiten werden durch die Heilmittel geheilt, die ähnliche Symptome in einem gesunden System produzieren, war heftige Feindschaft der etablierten Interessen die Folge. Dies führte sogar dazu, dass er 1821 aufgefordert wurde, Leipzig zu verlassen. Er ging nach Köthen und 1835 nach Paris, Frankreich; die Allopathen hetzten bitter gegen die Anwender der neuen Schule der Homöopathie, waren aber letztlich gezwungen, sich geschlagen zu geben; heutzutage ist der Status eine Arztes der Homöopathie der gleiche wie der eines allopathischen Arztes."

„Die Osteopathie, eingeführt von Dr. Andrew Taylor Still von Kirkville, Missouri, ging durch viele Schwierigkeiten, als sie gegen die orthodoxe Hierarchie der organisierten Medizin antrat."

„Dieser kurze Blick auf die Geschichte wissenschaftlichen Fortschritts zeigt, dass das Leben eines radikalen Forschers nicht beneidenswert ist und keines Falls ein Bett von Rosen. Wäre das Spektrochrom ein System von sogenannter 'wissenschaftlicher' Ausdrucksweise, eine Zusammenstellung von Schaltern, Summern, Glocken, Kondensatoren, Messfunkenstrecken, Induktionsröhren, Thermostaten, Elektroden, Motoren, Dynamos, Lichtern, Geräuschen, Klopfern und anderem ausgewählten Schnickschnack und als Hilfe für die existierenden 'medizinischen Wissenschaften' gedacht, dann würde es als die 'wunderbarste Heilmethode' bezeichnet werden."

„Zu behaupten, dass eine Elektroröhre und nur fünf Stücke 'gefärbten Glases' dazu benutzt werden können, alle Erkrankungen des menschlichen Wesens zu beseitigen, scheint, wie die Dinge liegen, auf den ersten Blick so grotesk zu sein, dass sogar die optimistischsten Studenten und an die Integrität des Forschers Glaubenden über die Behauptung bestürzt sind."

„Mag sein, aber 13 Jahre Anwendung des Systems in ganz Amerika, vom Atlantik bis zur Pazifikküste konnten nicht einen schwachen Punkt in der Theorie und der Praxis zeigen und wo immer es zur Forschung angewendet wurde, kam es siegreich daraus hervor und wurde die Zuverlässigkeit des Systems bewiesen."

Er war ein hartnäckiger Schüler und Forscher und hätte nichts akzeptiert, wenn er nicht zu seiner eigenen Zufriedenheit bewiesen hätte, dass es wissenschaftlich wahr und folgerichtig ist. In einem frühen Alter begann er zu Hause mit chemischen Experimenten, startete aber mit einem schwerwiegenden Fehler. Er beschreibt, was passierte.

Dinshah Ghadiali 1872 - 1966

„Seit meiner Zulassung zur High School trat ich der Cowasji Dinshah Bibliothek bei, die sich im Schulgebäude befand. Das Lesen in wissenschaftlichen Magazinen aus den USA führte mich zu Chemiestudien und spornte mich zur Experimentalforschung an.

Im Scientific American las ich ein Rezept eines wundervoll wirkungsvollen Heilmittels für Kopfschmerzen; es wurde behauptet, dass es eine 'sichere Heilung' sei und aus Menthol, Chloral, Kokain und Vaselin bestand. Ich hatte eine Großmutter mütterlicherseits, die zu Neu- und Vollmond an schwerer Migräne litt. Mein Forschungsdrang führte mich dazu, auf ihre spezielle Aufforderung die Salbe an ihr zu versuchen, um sie von dem Übel zu befreien. Das Rezept schrieb vor, dass die Salbe nur auf die Stirn und die Schläfen geschmiert werden sollte, aber ich dachte, das gälte nur für Amerikaner und Parsen bräuchten mehr. Die Krankheit meiner Großmutter war sehr chronisch und sie war auch meine Lieblingsverwandte. Ich nahm den ganzen Inhalt des Salbentopfs und klatschte ihn auf ihre Stirn und Schläfen und deckte die Gebiete wegen eines besseren Effekts mit einer straffen Bandage ab. Dies wurde getan, als der Mond in eine günstige Position kam und ich erwartete große Resultate von der amerikanischen Salbe. Ich konnte in dieser Nacht vor lauter Aufregung über den Gedanken kaum schlafen, Mittler des Guten für meine Lieblingsgroßmutter zu sein. Das Resultat erwies sich als weit jenseits meiner und ihrer Erwartungen; am nächsten Morgen wurde berichtet, dass der Kopfschmerz vollkommen verschwunden war. Ich entfernte die Bandage - die gesamte Haut des betroffenen Gebiets war ebenfalls verschwunden!

Dies war ein schlechter Forschungsbeginn, weil mein Vater in seinem Ärger alle meine Chemikalien in den städtischen Kanalausguss warf; ich fuhr jedoch heimlich mit meinen Studien fort, Chemie, Klang, Wärme, Licht, Magnetismus, Hypnose, Mesmerismus, Medizin, Uhrmacherei, Maschinenbau und ähnliches - eigentlich alles, was mir in die Hände fiel.

Dadabhai Khurshedji Kateli, Professor der Mathematik an der Wilson Universität und Dozent an der Privat-High-School wurde auf meine Neigung für

Meine Suche nach radionischen Wahrheiten

Experimentalforschung aufmerksam und ich wurde mit 11 Jahren sein Assistent; und mit 14 Jahren erreichte ich durch seine freundliche Empfehlung und seine Ermutigung in sieben Institutionen des Lernens in Bombay die einzigartige Position eines Demonstrators in Chemie und Physik. Meine Dienste wurden auf Anforderung geleistet; sie waren ehrenamtlich, ohne Bezahlung.

Später verbrachten der Sohn des Eigentümers des Hauses, in dem ich geboren war, - ein vertrauter Freund von mir - und ich jeden Abend ungefähr zwei Stunden zusammen. Eines Abends, als wir die Times of India lasen, lenkte er meine Aufmerksamkeit auf einen Artikel, der sich über einige Mitglieder einer *The Theosophical Society*[45] genannten Organisation ausließ, die für sich in Anspruch nahmen, mit einigen 'Meistern' der Himalaya Berge in Kommunikation zu stehen. Ich lachte über die Erklärung, die da besagte, „Oh, da muss es eine telefonische Verbindung geben! Wie kann man auch sonst über eine Entfernung von 1.300 Meilen miteinander sprechen?"

Es war leicht, zu lachen, aber es raubte mir den Schlaf; der innere Forschergeist rebellierte zu Recht und trieb mich zu Nachforschungen an.

Am nächsten Tag ging ich zur Blavatsky Loge der *Theosophical Society* in Hornby Row, wo ich mit dem Sekretär Munchershah M. Shroff, einem parsischen Zoroasteranhänger, zusammentraf. Er war ein ernsthafter Mann mit Bart und grüßte mich mit einem speziellen Ahem-ahumphs, das wie das Wiehern eine Pferdes klang. Auf meine Fragen antwortete er mit vielen solcher Ahem-ahumphs und er sagte es sei durch einen okkulten Prozess möglich, ohne Telefonkabel über weite Entfernungen zu kommunizieren und empfahl mir ein Studium. Ein Studium war eine Süßigkeit, die ich nie ablehnte! Er gab mir ein Anzahl von Blättern und ich dankte ihm, ging nach Hause und verbrachte die Nacht mit dem Verschlingen des intellektuellen Banketts wie ein Verhungernder. Ein Ideenumschwung vollzog sich in meinem Kopf.

Wie kann die Aussage persönlicher Erfahrung so vieler respektabler Leute wie Madame Helena Petrovna Blavatsky, Colonel Henry Steel Olcott, Sir William Crookes, William Thomas Stead und anderen in den hohen Lebensregionen ohne entsprechende Erforschung ignoriert werden? Nicht mit mir. Ich ging zum Sekretär der *Theosophical Society* und erhielt weitere Informationen von ihm mit einigen Ahem-ahumphs mehr. Am 26. Oktober 1891

---

45 Die Theosophische Gesellschaft

Dinshah Ghadiali 1872 - 1966

wurde ich als Mitglied der Theosophical Society eingeführt. Die Einführung war kaum beendet, da erlebte ich einen inneren Umschwung. Dinge begannen zu geschehen."

Er beschreibt dann viele verblüffende okkulte Experimente, die ihm geschahen, und fährt dann fort ...

„Auf diese Weise mit der scharfen Würze eines wissenschaftlichen Forschers in ein neues Leben losgelassen verfolgte ich die Heilwissenschaften sehr sorgfältig. Keine Theorien und Praktiken jedoch schienen dazu in der Lage zu sein, mir irgend etwas anderes als Zufallsergebnisse geben zu können und nichts hatte die Genauigkeit oder die Präzision, die meinem Herzen so lieb war. Frage auf Frage stellte sich in meinem wahrheitssuchenden Geist, ohne dass entsprechende Antworten irgendeiner Quelle verfügbar waren.

Es mag von Interesse sein, einige der Kopfschmerzverursacher, die mir den Kopf zermarterten, zu kennen."

Er lässt dann eine Liste von 26 Punkten folgen, von denen ich einige wiedergebe:

a) Warum ist die Tomate rot und die Gurke grün?
b) Warum wird eine unreife grüne Banane gelb und nicht blau?
c) Warum macht der Magensaft, der ein Stück Rindfleisch auflöst, keine Löcher in den Magen?
d) Warum produziert eine braune Kuh, die grünes Gras isst, weiße Milch, die, wenn sie geschlagen wird, gelbe Butter ergibt?
e) Warum hat Licht sieben Farben?
f) Warum wird ein Mensch, der aus chemischen Elementen besteht, Ebenbild Gottes genannt?
g) Warum bekommt eine gute Person eine Bestrafung für etwas, das ein anderer getan hat?
h) Warum werden manche Heilige in Ställen geboren?
i) Was lässt Saat wachsen?
j) Was ist der Sinn der Fraunhofer Spektrallinien?

„Ich schaute nach den Effekten, um den Ursachen auf die Spur zu kommen; ich schaute mir die Ursachen an, um Effekte zu finden. Weil ich auf der

Grundlage arbeitete, dass alle Aktionen Reaktionen zur Folge haben und allen Reaktionen Aktionen vorausgehen müssen, mühte ich mich mit allen mir zur Verfügung stehenden Mitteln, die Antworten auf die Fragen zu finden. Viele davon waren seit Jahrhunderten Rätsel und mit der Zeit löste ich die Probleme, durchschnitt den gordischen Knoten und Spektrochrom war geboren.

Nach dem angegebenen Schema begann ich, mich näher mit den fundamentalen Prinzipien des Lichts und der Farbe nach Babbitt zu befassen. Newton und nachfolgende Forscher folgten der Ansicht, dass weißes Licht aus sieben Farben zusammengesetzt ist; Rot, Orange, Gelb, Grün, Blau, Indigo und Violett. Es wurde jedoch bewiesen, dass drei dieser Farben primäre Farben sind, weil jede andere Farbe aus einer Kombination dieser drei erzeugt werden kann."

Er beschreibt nun ähnliche Arbeiten von anderen Forschern auf diesem Gebiet und endet mit:

„Ich verehre jedoch keine Gesichter; ich weiß es besser. Deren Konzeptionen werden von meiner Experimentalforschung nicht gestützt und ich verwerfe sie als wissenschaftlich falsch. Es ist für mich ziemlich klar, dass all diese Meinungen den Standpunkt der PIGMENTE sehen und nicht die MATHEMATIK oder STRAHLUNGSENERGIE, welche die Basis meiner Forschungen sind."

Hier muss ich vom Text des Buches von Ghadiali abweichen und eine Begebenheit beschreiben, die mir passiert ist, die einen Bezug zu der ganzen Geschichte hat.

Vor einigen Jahren wurde ich gebeten, mir einen seltsamen Apparat in der Mansarde eines großen Hauses anzusehen, das einst von Dr. Mary Walker bewohnt war. Ich hatte keine Ahnung, was er war oder für was er gut sein könnte, aber mir wurde klargemacht, dass ich ihn mitnehmen sollte. Ich brachte ihn in meine Garage, wo er für einige Jahre verblieb.

Dinshah Ghadiali 1872 - 1966

Frühes Spektrochrom-Farbset, 50 Jahre alt

Dann eines Tages begann ich, mir darüber Gedanken zu machen, Farbtherapie in meine Praxis mit aufzunehmen. Mir wurde ein Exemplar von Babbitts *Principles of Light and Colour*[46] und das dreibändige Werk von Dinshah Ghadiali angeboten. Ich ging zu meiner Garage, grub meinen Apparat aus, und nachdem ich den angesammelten Staub weggeblasen hatte, fand ich zu meinem Entzücken, dass er eine Farblampe mit einem kompletten, perfekten und originalen Set von Farbdias war, und als Dreingabe ein Ersatzset dazu. Nach einigem Suchen fand ich heraus, dass er vielleicht in der Mitte der Drei-

---

46 Prinzipien von Licht und Farbe

Meine Suche nach radionischen Wahrheiten

ßiger hergestellt wurde, das heißt vor 50 Jahren. Auf der Frontblende fand ich ein Diagramm des 'Mystischen Verschlungenen Dreiecks von Mogen David' und ich wusste, dass mir der Schlüssel zu Ghadialis Arbeit gegeben war.

Was ist dieses Mogen David Dreieck?

Mogen David Dreiecke

Ich fahre mit seiner Geschichte fort.

'Mystische Mogen David Dreiecke'

„Das Doppelt Verwobene Dreieck ist ein heiliges Symbol höchster Qualität. Es wird von den Juden verwendet, findet sich unterschiedslos in der Literatur bei Freimaurern, Rosenkreuzern, Theosophen und allen Okkultisten. Es wird Mogen David, das Siegel oder der Schild Davids genannt und wurde in alter Zeit ausgiebig in sogenannten 'magischen Ritualen' verwandt.

Was immer wir mit unseren modernen Ansichten über das Leben denken mögen, wir müssen zugeben, dass König David für die Zeit, in der er lebte, ein Mann großer Bildung, enormer Macht, großer Vision und Charakterstär-

Dinshah Ghadiali 1872 - 1966

ke war. Die Psalme Davids sind eine Fundgrube von Edelsteinen der Weisheit."

Wegen seiner theosophischen Studien verwandte Ghadiali die Mogen David Dreiecke als Grundlage für seine Farbtherapie und formte sie zu einem vollständigen Kreis.

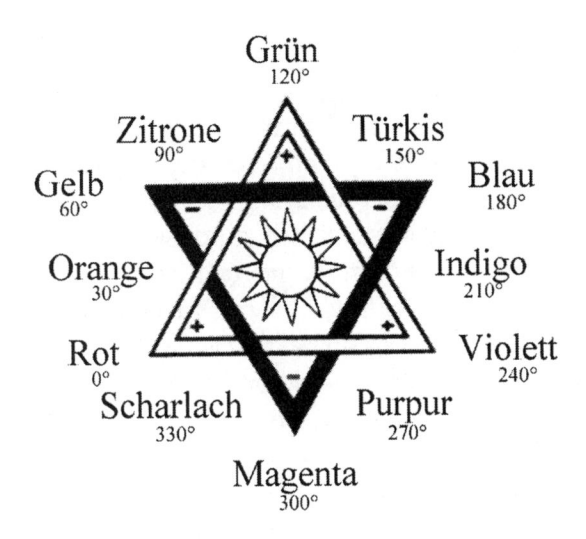

```
                    Grün
                    120°
        Zitrone   /\   Türkis
          90°    /  \   150°
    Gelb                      Blau
     60°                      180°

    Orange                    Indigo
     30°                       210°

     Rot                       Violett
      0°                        240°
       Scharlach    Purpur
          330°       270°
                  Magenta
                    300°
```

Farbpolarität Verfahren

Nach Seiten von Beschreibungen, wie er zu diesem diagrammatischen Arrangement kam, fährt er fort:

„Dies vervollständigt den Kreis ABGESTIMMTER FARBWELLEN. Das sind Oszillatorfrequenzen spezieller Farben, ausgerichtet in eine spezifische Position mit speziellen Effekten. Es ist dieses Abstimmende System, das die Farbtherapie aus ihrem empirischen Zustand holt und sie sorgfältig auf eine wissenschaftliche Basis unerreichter Präzision stellt ...

Nachdem ich das Rationale der Abstimmenden Farbwellen erklärt habe, werde ich nun mit der Aufhellung der eigentlichen mathematischen Genauigkeit der Spektrometrie fortfahren.

Spektrochrom wird ausschließlich um die drei Grundfarben herum aufgebaut, um seine gut bekannte Präzision zu erreichen. In der Spektochromausrüstung bilden Rot, Grün und Violett die Hauptdias; zwei untergeordnete, Gelb und Blau, werden auch zur Verfügung gestellt, um ALLE notwendigen Kombinationen bilden zu können und die physiologischen Effekte aller Elemente zu erzeugen, aus denen die Welt besteht.

Nachdem ich die Farbkarte des Mogen David hergestellt hatte, musste als erstes die spektroskopische Position der Elemente festgestellt werden und sie da abgelegt werden, wohin sie gehörten. Weil jedes Element eine Reihe Basislinien aufweist, war diese Aufgabe außergewöhnlich schwierig, langweilig und ärgerlich. Ich bearbeitete die Elemente einzeln, ich verwandte verschiedene anerkannte Methoden, um die Spektren der Elemente zu untersuchen. Diejenigen, die schnell in Alkohol aufgelöst oder mit dem Bunsenbrenner verbrannt werden konnten, untersuchte ich auf diese Weise; andere erforschte ich, indem ich kleine Elektroden machte und einen Hochspannungsfunken überspringen ließ; viele andere testete ich mit Vakuumröhren, die Spuren davon enthielten; einige testete ich im elektrischen Kohlenstoff-Lichtbogen. Bei der letzten Methode legte ich das Spektrum des Elements über das von Kohlenstoff und blendete das des Kohlenstoffs aus, was die Spektrallinien des Elements übrig ließ. Wo einige leicht wahrnehmbare Fraunhoferlinien beteiligt waren, wie zum Beispiel die gelbe Doppellinie D des Natriums, schaute ich mir schnell andere Charakteristiken des Elements an, um festzustellen, ob etwas existiert, was irgendwie Letzteres beeinträchtigte; wenn nicht, fixierte ich das Element in diesem Farbbereich. Wo ich eine Diskrepanz fand, weil es keine herausragenden Fraunhoferlinien gab, die die Einordnung bestimmen konnten, musste ich andere Effekte dieses Elements näher betrachten, damit die Potenz entsprechend ermittelt und am stärksten Punkt fixiert werden konnte. Indem ich so geduldig experimentierte, erstellte ich meine Einzelfarbkarte für überwiegende 'Polarität', die hier abgebildet ist.

Diese Karte der Farbwellen der Elemente ist genau in Bezug auf die Chemie, die Mathematik, die Physiologie, die Spektroskopie, die Psychologie, die Pathologie, die klinischen und die Farblinien. Achtzehn Jahre angewandten Testens in der Arbeit Hunderter von Anwendern und Tausenden von Leidenden haben nicht einen Versager gezeigt."

Dinshah Ghadiali 1872 - 1966

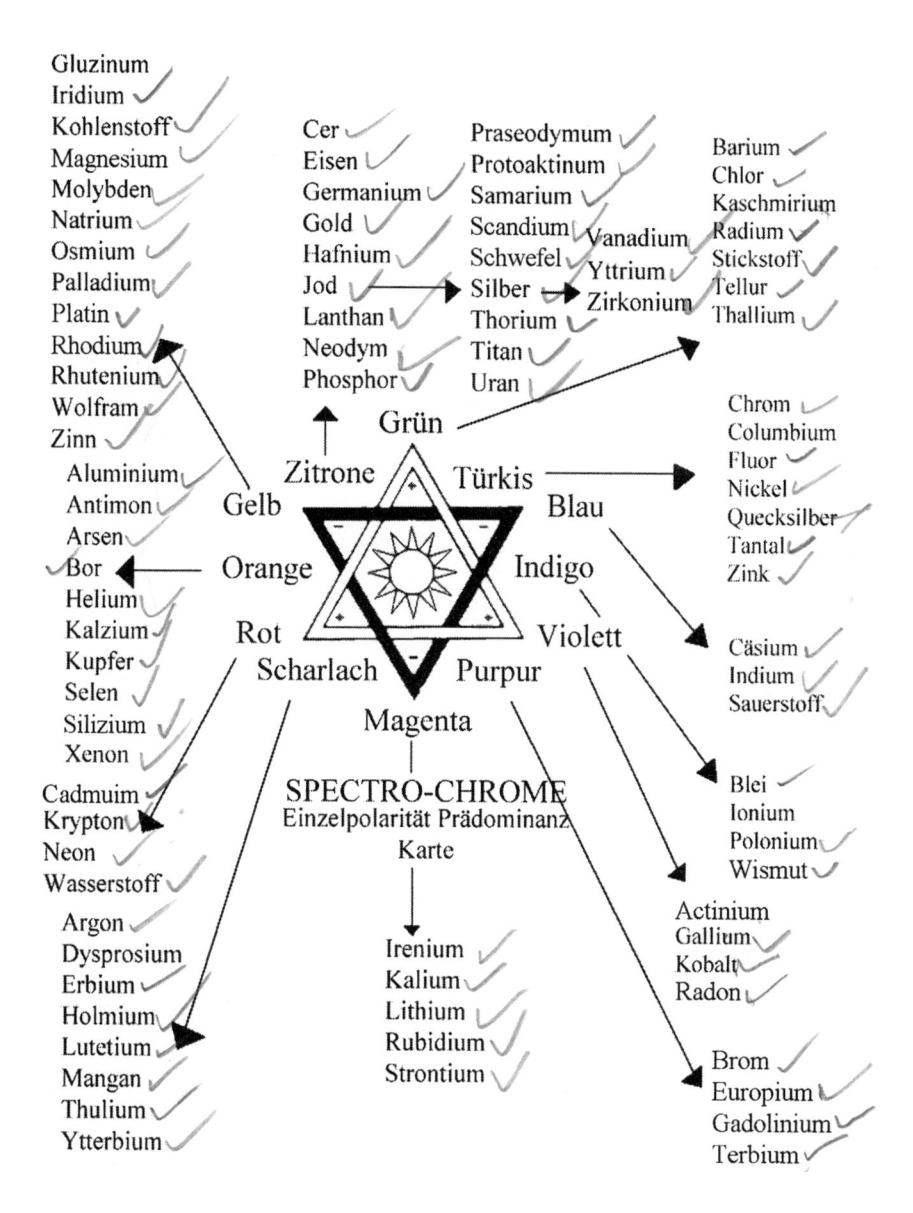

Gluzinum	Cer	Praseodymum	Barium
Iridium	Eisen	Protoaktinum	Chlor
Kohlenstoff	Germanium	Samarium	Kaschmirium
Magnesium	Gold	Scandium	Radium
Molybden	Hafnium	Schwefel	Stickstoff
Natrium	Jod	Silber	Tellur
Osmium	Lanthan	Thorium	Thallium
Palladium	Neodym	Titan	
Platin	Phosphor	Uran	
Rhodium			Chrom
Rhutenium			Columbium
Wolfram			Fluor
Zinn			Nickel
Aluminium		Vanadium	Quecksilber
Antimon		Yttrium	Tantal
Arsen		Zirkonium	Zink
Bor			
Helium			
Kalzium			Cäsium
Kupfer			Indium
Selen			Sauerstoff
Silizium			
Xenon			
Cadmuim			Blei
Krypton			Ionium
Neon			Polonium
Wasserstoff			Wismut
Argon			Actinium
Dysprosium		Irenium	Gallium
Erbium		Kalium	Kobalt
Holmium		Lithium	Radon
Lutetium		Rubidium	
Mangan		Strontium	Brom
Thulium			Europium
Ytterbium			Gadolinium
			Terbium

Grün — Zitrone — Türkis
Gelb — Blau
Orange — Indigo
Rot — Violett
Scharlach — Purpur
Magenta

SPECTRO-CHROME
Einzelpolarität Prädominanz
Karte

Die Positionen von Ilium und Masurium sind unbestimmt
Chemische Elemente nach Dominanz der Polarität

9

Mme. Marguerite Maury

Wie man pendelt. Experimentelle und praktische Radiästhesie

Jedermann in der Radionik verwendet ein Pendel. Auch ich tue das und ich glaube daran, dass ein vernünftiges Training für beste Ergebnisse wesentlich ist. Ich meine, dass man keine bessere Stelle dafür finden kann als die Arbeit und die Erklärungen einer weiteren Pionierin ... Marguerite Maury, die eine feine Studentenkartei hat. Ich möchte deshalb damit beginnen, aus dem Vorwort ihres Buchs vom verstorbenen Colonel A. H. Bell zu zitieren, ein ehemaliger Präsident der *British Society of Dowsers*[47].

Vorwort von Col. A.H. Bell

„Die Autorin dieses kleinen Büchleins, Madame Marguerite Maury, ist eine Dame mit viel Erfahrung im Unterrichten von Radiästhesie und der Praxis dieser Kunst, speziell ihrer medizinischen Anwendung.

Viele Jahre lang war sie voll ausgebildete Krankenschwester und nahm später Massage dazu, wobei sie hervorragende Resultate erzielte.

Vor einigen Jahren geschah es, dass sie die Bekanntschaft von M. Louis Turenne machte, einem Ingenieur und Radiästhesisten großer Reputation. Nachdem sie verfolgt hatte, wie er eine bemerkenswerte Diagnose in einem Fall von Ekzem gestellt hatte, sowie deren spätere Heilung durch Homöopathie, wurde Madame von M. Turenne überzeugt, das Radiästhesiestudium aufzunehmen, weil er erkannte, dass sie eine besondere Eignung in dieser Richtung hatte. Sie entwickelte ihre Kräfte voll und erzählte mir, dass sie im

---

47 Britische Gesellschaft der Rutengänger

Verlauf von 15 Jahren mehr als 70.000 Diagnosen gestellt hat sowie zahllose Lokalisierungen von Wasser und Mineralien.

Mit der Hilfe einiger Mitarbeiter gründete sie das Collège Radiesthétique Français[48] und erstellte einen Fernkurs, der von mehr als 900 Schülern absolviert wurde.

Diese Reihe von Lektionen, zu denen eine Abteilung über medizinische Radiästhesie hinzugefügt wurde, bildet den Inhalt dieses Buchs.

Die Leser werden sehen, dass Mme. Maury, die, bevor sie Krankenschwester wurde, in Wien Physik studierte, fest an den physikalischen Ursprung des radiästhetischen Phänomens glaubt, und einige könnten denken, dass ihre Behauptung in dieser Beziehung nicht immer gerechtfertigt ist. Zum Beispiel ist es schwierig, einzusehen, wie das Auffinden auf Landkarten und Diagrammen, was nun eine gut anerkannte Tatsache ist, etwas zugeordnet werden kann, außer einem obskuren Stimulus aus dem Unterbewusstsein.

Mme. Maury betont die individuelle Natur der radiästhetischen Kunst sehr richtig, und jeder, der dieses Thema von einem objektiven Standpunkt her studiert hat, wird sie voll unterstützen.

Wie es auch immer sein mag, es ist für einen Anfänger immer eine Gelegenheit, mit einem bestimmten System anzufangen, obwohl er später finden könnte, dass er davon abweichen und eine ihm besser angemessene Methode entwickeln muss.

Ein solches Buch, das sich mit der Radiästhesie in breitester Anwendung beschäftigt und keinen unnötigen Raffinessen bei Instrumenten und Technik das Wort redet, sollte als Einführung zu einer Wissenschaft, die sich noch im Stadium der Entwicklung befindet, von großem Wert sein."

A.H.B.

Teil 1. Ein Kurs in Radiästhesie. Einführung.

„Wir führen Sie jetzt in eine Welt ein, in der der Berührungssinn, auf eine etwas seltsame Weise erweitert, allen anderen Sinnen überlegen ist.

---

48 Französische Akademie für Radiästhesie

Zunächst müssen wir definieren, was Radiästhesie ist. Wörtlich aus dem Griechischen übersetzt bedeutet sie 'Empfindlichkeit auf Strahlung'. Was ist diese Empfindlichkeit? Sie ist eine Form von Empfänglichkeit, die auf äußere Einflüsse reagiert und sie durch Bewegungen eines Pendels, einer Rute oder eines anderen Instruments in der Hand des Anwenders anzeigt. Unglücklicherweise können wir Ihnen die Natur des biologischen Mechanismus, welcher die Bewegungen kontrolliert, nicht sagen, aber wir können die Bedingungen nennen, unter denen sie stattfinden, die verschiedenen Formen, die sie annehmen, und wie sie interpretiert werden.

Wir haben nicht die Absicht, Sie in der mentalen Form der Radiästhesie zu unterrichten; was uns jetzt interessiert, ist die physikalische oder, anders ausgedrückt, die materielle Form und die Möglichkeit, sie wirklich anzuwenden, sie zu einem System zu reduzieren und nachzuweisen, dass die Radiästhesie nicht die Frucht einer lebhaften Phantasie, sondern Realität ist, obwohl wir zur Zeit nicht in der Position sind, eine vollständige Erklärung ihrer Mechanismen zu liefern.

Die Schwierigkeit ist, dass es fast unmöglich ist, generelle Regeln niederzulegen, weil die Interpretation der Bewegungen des verwendeten Instruments von den individuellen Eigenschaften der betreffenden Person abhängt. Immer wenn der Radiästhesist etwas entdeckt, ist er sofort geneigt, in Druck zu gehen und dogmatisch zu behaupten, „Wahrnehmung ist ein Phänomen folgender Natur ...". Aber diese Behauptung ist nur wahr soweit es ihn selbst betrifft.

Die wesentlichen Charakteristiken der Radiästhesie sind ihre Veränderlichkeit, ihre Ungewissheit und ihre individuelle Qualität; unser Anleitungskurs wird sich all diesen Phänomenen in diesem Verständnis widmen.

Es ist für gute Wahrnehmung eine wichtige Bedingung, dass eine radiästhetische Suche in einer vollkommen losgelösten Weise durchgeführt wird. Ihre Absicht dazu sollte sich in keiner Weise von einer Alltagserkundigung unterscheiden. In diesem Fall jedoch wird Ihr Tastsinn den Platz Ihrer Sinne des Sehens und des Gehörs einnehmen; Sie versuchen einfach nur, etwas herauszufinden, und sollten Ihren Gedanken nicht erlauben zu stören. Je losgelöster Ihre Absicht ist, desto klarer und unvoreingenommener werden

Ihre Beobachtungskräfte sein und um so besser die Genauigkeit Ihrer Resultate.

Wir hoffen, dass keiner unserer Leser in den gewöhnlichen Fehler verfallen wird, das Mysteriöse zu übertreiben. Unserer Erfahrung nach ruft die Radiästhesie zwei verschiedene Haltungen hervor, entweder eine ausgeprägte Leichtgläubigkeit oder unvernünftige und heftige Skepsis, die in keinem Verhältnis zu der Natur des Themas steht. Lassen Sie uns das Problem in einem ruhigen und gut ausgeglichenen aber trotzdem kritischen Geist angehen, nichts von vorne herein ablehnen, aber eine Haltung praktischen gesunden Menschenverstands bewahren."

Lektion 1. Pendel und Ruten.

„Wenn wir ein Pendel korrekt über bestimmte Objekte halten - also zwischen Daumen und Zeigefinger der rechten Hand mit einem Faden passender Länge (6.35 - 9.16 cm[49]) - wird es anfangen, sich zu bewegen.

Ein Pendel kann aus Holz (Buchsbaum zum Beispiel), Metall, Glas oder einigen 'neutralen' Materialien, von denen Bakelit oder Plastik besonders passend sind, bestehen. Es sollte runder oder symmetrischer Gestalt sein. Metallpendel sollten nur für spezielle Objekte verwendet werden, weil sie auf bestimmte Einflüsse bereitwilliger reagieren. Zum Beispiel reagiert ein Eisenpendel speziell auf Magnetfelder empfindlich, während ein Kupferpendel für sogar kleinste elektrische Ströme aufnahmefähig ist. Es wurden spezielle Pendel entworfen, wie das von Turenne, das mit magnetisierten Nadeln verarbeitet ist; das von Abbe Mermet ist aus Hartkautschuk und innen hohl, um das 'Muster' aufzunehmen.

Die Aufhängung eines Pendels sollte aus Seide, Baumwolle, Hanf, Darm oder noch besser Nylon bestehen, weil es keine ursprüngliche Drehung hat.

Es ist unsere Aufgabe, zu lernen, wie man ein Pendel benutzt, wie man analysiert und seine Bewegungen interpretiert. Die Begleitzeichnung wird Ih-

---

[49] 2½ - 4 Zoll

nen zeigen, wie Sie es halten müssen, wenn man eine Suche unternimmt. Wie eine Violine und ihr Bogen nicht irgendwie gehalten werden können, so muss auch ein Pendel auf bestimmte Weise gehalten werden. Sogar wenn es falsch gehalten wird, führt das Pendel bestimmte Bewegungen aus, manchmal sehr kräftige, aber ohne gute Technik werden Sie nie behaupten können, dass Ihr Ergebnis korrekt sein muss. Lassen Sie uns nun am Anfang versuchen, die Bewegungen des Pendels zu analysieren.

Prinzipiell ist ein Pendel, das von einem Material aus sagen wir Holz oder Eisen herunter hängt, unbeweglich. Es ist Objekt zweier Kräfte, die es in Übereinstimmung mit den wohlbekannten Gesetzen der Physik gerade herunter hängen lassen. Sollte nun ein menschliches Wesen den Faden in die Hand nehmen, wobei die nicht lebende Aufhängung durch eine lebende ersetzt wird - die Hände und Finger des Anwenders - wird das Gewicht alle Gesetze der Physik verletzen und beginnen, sich zu bewegen. Die Bewegung kann zwei Formen annehmen, entweder Schwingung oder Kreisbewegung. Es scheint deshalb, als wäre die Gravitationskraft zeitweise außer Kraft gesetzt. Wenn der Prozess der Wahrnehmung verlängert wird, hält das Pendel zu einer bestimmten Gelegenheit an. Radiästhesisten nennen dieses Phänomen 'Sättigung'. Aber wir glauben eher, dass das Anhalten des Pendels die äußerste Grenze der Fähigkeit des menschlichen Organismus darstellt, dem Gewicht der Gravitationsgesetze zu widerstehen.

Es ist immer die sichtbare Unterbrechung dieses Gleichgewichts zwischen den beiden Kräften, die das Pendel beeinflussen. Seine runde Gestalt führt zu einer kreisförmigen Bewegung in einer oder in die andere Richtung - das ist aber ein anderes Problem, das wir in der zweiten Lektion studieren wollen. Für jetzt wollen wir uns nur klar machen, dass das Pendel, wenn es korrekt vor ein bestimmtes Objekt gehalten wird, anfängt, sich zu bewegen.

Wenn Sie Ihr Pendel vor zwei Körper verschiedener Masse oder unterschiedlichen Volumens halten, zum Beispiel eines von 2 Unzen[50] und das andere von 8 Unzen, wird es von der größeren Masse stärker angezogen, was für ein Material es auch ist.

Es sollte zur Kenntnis genommen werden, dass sich ein Pendel in der Hand eines auch nur leicht sensitiven Anwenders aus verschiedenen Gründen, auf

---

50 1 Unze = 31.1035 g

die wir jetzt nicht eingehen, immer bewegen wird. Für den Moment wollen wir uns auf die Bewegung konzentrieren und dabei im Hinterkopf behalten, dass der untersuchte Körper einen Einfluss auf die Amplitude und folglich auf die Stärke der Bewegung hat.

Was wir benötigen, ist eine moderate und stetige Bewegung. Weil Sie Ihren Körper als Messinstrument benutzen, sollten Sie versuchen, Ihre Muskeln zu entspannen und tiefe Atemzüge zu nehmen, immer wenn die Bewegungen des Pendels zu stark werden; sie werden merken, dass ein körperlicher Ruhezustand ruhige und methodische Messungen sicherstellt.

Man sollte das Pendel nie durch eigene Bewegungen starten; das ist eine schlechte Technik. Im Gegenteil, die Muskeln sollten vollständig entspannt sein, weil Sie, wenn sie sich in einem Spannungszustand befinden, keine Reaktion bekommen werden, oder, wenn Sie eine bekommen, diese ruckartig und damit nutzlos für eine akkurate Messung ist. Denken Sie nicht an Ihre Handbewegung, denn das Gewicht des Pendels, so klein es auch sein mag, erzwingt eine Bewegung der Hand in ihrem entspannten Zustand; wenn Sie dem widerstehen in dem Versuch, Ihre Hand ruhig zu halten, werden Sie es nur davon abhalten, sich zu bewegen.

Während einer radiästhetischen Messung muss der Anwender physisch vollkommen entspannt sein und vom mentalen Standpunkt aus nur moderat interessiert. Es ist besser, an etwas anderes zu denken und dem gewünschten Ergebnis gegenüber eine Haltung vollständiger Gleichgültigkeit zu bewahren. Auf diese Weise wird er die besten Ergebnisse erhalten. Wir haben immer bemerkt, dass übereifrige Anfänger in ihrem löblichen Wunsch, korrekt zu handeln, in einen Spannungszustand kommen und sich durch Konzentration nahezu selbst hypnotisieren und mit Schwächung der Pendelbewegung oder mit gänzlichem Anhalten enden.

Wir können nun zwei Prinzipien festhalten:

1. Gewicht übt einen Einfluss auf das Pendel aus, was als Zunahme der Pendelmasse spürbar wird, wenn es über einem Objekt bewegt wird, speziell einem, das radioaktiv ist.

   Diese Zunahme der Pendelmasse wird von allen Radiästhesisten erlebt; sie wurde jetzt bewiesen und in unserem Labor aufgezeichnet.

2. Körper ziehen das Pendel im Verhältnis zu ihrer Masse an.

Mme. Marguerite Maury

Wir geben Ihnen nun ein paar einfache Übungen auf, um Ihnen zu helfen, das Pendel effektiv zu handhaben.

1.
   a) Nehmen Sie zwei Gewichte und stellen Sie sie etwa 25.4 cm[51] auseinander hin. Dann halten Sie das Pendel über das eine, dann über das andere. Beachten Sie die verschiedenen Ausschläge seiner Bewegung.
   b) Halten Sie das Pendel zwischen die beiden Körper und achten Sie darauf, zu welchem es sich hingezogen fühlt.
   Diese Experimente sollten mit dem Pendel mit etwa 5.08 cm[52] Abstand über dem untersuchten Objekt gemacht werden. Vergessen Sie nicht, dass Sie das Einflussfeld des Objekts und nicht das Objekt selbst wahrnehmen.
2. Legen Sie zwei kleine Bälle verschiedener Größe in der gleichen Entfernung aus; führen Sie die gleichen Übungen durch und achten Sie darauf, zu welchem Ball das Pendel hingezogen wird.
3. Nehmen Sie zwei gleich große Wassergläser; füllen Sie eines zu Hälfte und das andere bis zum Rand. Ihr Pendel wird zum vollen Glas hingezogen werden, weil dessen Wasservolumen größer ist.
4. Nehmen Sie zwei Wassergläser verschiedener Größe und füllen Sie sie ungleich mit Wasser; Finden Sie heraus, zu welchem das Pendel stärker hingezogen wird."

Diese Prozedur von ein paar Seiten Anweisungen über verschiedene Aspekte der Praxis, gefolgt von Übungen, wird das ganze Buch über beibehalten. Dies mag zunächst einfach erscheinen, aber eine graduelle Erfahrung dessen, was geschieht, ist für Anfänger von unschätzbarem Wert.

---

51 10 Zoll
52 2 Zoll

Meine Suche nach radionischen Wahrheiten

„Form und geometrische Gestalt"

„Radiästhetische Messung wird von Form stark beeinflusst. Das ist die überraschende Tatsache, die wir im Verlauf dieser Lektion zu zeigen versuchen.

Form übt einen Einfluss auf Messung in allen Arbeitsgebieten aus, in die sie eingebunden ist. Die Form eines Feldes, das gemessen, des Objektes, das entdeckt werden soll, und der Behälter, in dem das Objekt oder der Körper enthalten ist, alle beeinflussen die Frage. Denn die Form selbst, entweder zwei- oder dreidimensional, scheint einen sichtbaren Effekt auf das Pendel auszuüben.

Wir wollen zunächst ebene geometrische Figuren diskutieren, sie sind die einfachsten und die besten Beispiele.

―――――――――

Wenn wir von Form sprechen, meinen wir eine Eigenschaft geometrischer Symmetrie. Deswegen können wir die Realität unserer Behauptung vollständig überprüfen, nämlich, dass das Pendel, wie auch der Anwender selbst, direkt von physischen Ursachen beeinflusst werden.

Ein Rechteck mit den exakten Dimensionen des goldenen Schnitts, das ist das Verhältnis 0.618, kann zum Beispiel mit dem Pendel unbegrenzt in Quadrate unterteilt werden und das ohne irgendeine Kenntnis von mathematischer Technik. Das kann jeder Pendler.

―――――――――

Mit etwas Sorgfalt kann ein Kreis mit dem Pendel in 10 unterteilt werden, der idealen Zahl, die mit dem goldenen Schnitt des Pythagoras in Beziehung steht.

Winkel verschiedener Größe erzeugen unterschiedliche Effekte. Wir denken, dass diese Phänomene wegen der Abweichungen im Erdmagnetfeld, verursacht durch diese Formen und Winkel, auftreten, so dass das, was wir messen, nicht die Form selbst ist, sondern der von ihr erzeugte Effekt.

Hier müssen wir uns wieder die Gesetze der Mathematik und Mechanik ins Gedächtnis rufen. Wenn ein Projektil einen Schutzraum wie einen Keller trifft, sagen wir mit einem spitzen Dach, wird die Wand des Gebäudes durchdrungen: wenn der Keller jedoch gekrümmt ist, folgt das Projektil der Kurve des Bogens und wird abgelenkt. Die Emissionen, die wir messen, oder eher die Abweichungen des Magnetfelds, scheinen denselben Gesetzen zu folgen.

Außerdem strahlt jede dreidimensionale Form, Kugel, Würfel und Ellipsoid, in verschiedene Richtungen aus.

Es folgen Übungen:

Zeichnen Sie ein Rechteck mit den folgenden Maßen: Breite 10.16 cm[53], Länge 17,78 cm[54]. Folgen Sie der Längsseite mit dem Pendel in einer Höhe von ungefähr 5.08 cm[55]; zuerst wird es entlang der Linie schwingen, aber an einem bestimmten Punkt wird es das quer dazu tun. Messen Sie diese Distanz. Vielleicht haben Sie ein Quadrat ermittelt.

Teil 1 enthält: Magneten und magnetische Felder; persönliche Felder des Anwenders, Interaktion der Körper; Licht und Farbe; Beispiele; Radiästhesie und Landwirtschaft.

Teil II: Medizinische Radiästhesie. Umfangreiches Material.

---

53 4 Zoll
54 7 Zoll
55 2 Zoll

Meine Suche nach radionischen Wahrheiten

10

Das Rätsel der Zahlen.
Entwicklung der Sensitivität.

Es ist nun an der Zeit, von der Betrachtung von Persönlichkeiten der Radionik und ihrer Arbeit weiterzugehen und einen Aspekt der mechanischen Arbeitsweise zu erforschen, nämlich die Zahlen, die wesentliche Grundlage ihrer Existenz, weil diese allen Radioniksystemen zugrunde liegen.

Ob sie als Schlüsselverbindungen zu einer übersinnlichen Ebene oder als im wissenschaftlichen Sinne erzeugte Strahlungen angesehen werden, ist eine persönliche Sache, die in radionischen Zirkeln oft diskutiert wird.

Beide Methoden erzeugen Heilungserfolge. Welche Methode auch immer verwendet wird, sie sind das Medium, durch welche alle Messungen durchgeführt werden, und die Studenten sind zwangsläufig neugierig darauf, zu wissen, wie diese Zahlen ausgewählt oder –gearbeitet werden. Vielleicht kann dieses Kapitel dazu beitragen, diese schwierige und abstruse Frage etwas zu beleuchten.

Mein erstes Erlebnis mit Zahlen hatte ich, als ich einen Freund in seinem Buchladen in der Charing Cross Road in London besuchte. Während ich mich umschaute, fragte er mich, was ich zur Zeit machte. Ich antwortete, „Ich studiere Radiästhesie." „Gott helfe dir!" war sein Kommentar.

Ich konterte seine Bemerkung, indem ich ihn nach Büchern über dieses Thema fragte.

„Nein, so etwas habe ich nicht," antwortete er. „Du bist eine große Hilfe," sagte ich.

Kurz nach diesem Austausch drehte ich mich um, um den Laden zu verlassen, aber als ich durch die Tür ging, rief mich mein Freund zurück.

„Es gibt zwei Bücher, die dir weiterhelfen könnten. *Theoretic Arithmetic of the Pythagoreans*[56] von Thomas Taylor und *Key to the Hebrew Egyptian Mystery in the Source of Measures*[57] von J. Ralson Skinner. Beide sind jedoch selten und du wirst sie nicht bekommen."

„Danke, du bist immer noch eine große Hilfe," antwortete ich und verließ den Laden. Ich machte mir aber eine geistige Notiz über die Titel und die Autoren, obwohl ich in dieser Zeit sogar zu beschäftigt war, die Sache weiter zu verfolgen.

Meine Geschichte nimmt nun eine seltsame Wendung. Zu dieser Zeit lebte ich auf dem Land und eines Nachmittags kam ein mir völlig Unbekannter, um mich zu treffen. Es stellte sich heraus, dass er von mir hypnotisiert werden wollte, was ich aber ablehnte, weil ich ihn nicht kannte und er sich mir nicht vorgestellt hatte.

Trotzdem blieb er und unser Gespräch ging den ganzen Nachmittag weiter, bis ich ihm zum Schluss sagen musste, dass er gehen müsse, weil ich andere Arbeiten zu tun hätte. Als er ging, sagte er plötzlich aus dem Blauen heraus, weil wir nicht über Bücher geredet hatten, „Übrigens, wenn Sie jemals seltene schwierig zu bekommende Bücher haben wollen, dann versuchen Sie es mal bei Weisers aus New York."

Mein Geist ging geradewegs zu dem Gespräch zurück, das ich in London mit meinem Freund, dem Buchverkäufer, hatte, und ich erinnerte mich an seine Bemerkungen über nicht verfügbare Bücher. Ich setzte mich sofort hin und schrieb an Weisers und innerhalb von 14 Tagen antworteten sie mir zu meiner Überraschung und Freude, dass sie beide Bücher für mich da hätten!

In der Einführung zu *Theoretic Arithmetic* schreibt Manly P. Hall:

Thomas Taylor, der Autor dieser bemerkenswerten Abhandlung über die Philosophie der Zahlen, war der größte Platonier der modernen Welt. Er war

---

56 Theoretische Arithmetik der Pythagoreer
57 Schlüssel zu den hebräisch-ägyptischen Mysterien in der Quelle der Maße

Das Rätsel der Zahlen. Entwicklung der Sensitivität.

ein Wunder an Gelehrsamkeit und Fleiß. Er übersetzte die kompletten Werke von Plato und Aristoteles ins Englische, sowie zahlreiche aber kaum weniger wichtige Fragmente klassischen Lernens. Zusätzlich zu diesen Übersetzungen stellte Taylor verschiedene eigene Werke zusammen, von denen seine *Theoretic Arithmetic* das wichtigste ist.

Unglücklicherweise ist von den alten Mysterienschulen kein vollständiges System numerischer Weissagung in dieses Zeitalter überliefert. Die platonischen Philosophen wurden nach dem Märtyrertod ihres Meister über die Mittelmeerländer zerstreut und hinterließen der Nachwelt keine vollständige Beschreibung ihrer numerischen Tradition.

Das dritte Buch der *Theoretic Arithmetic* ist dem Philosophieren über die Eigenschaften der Zahlen gewidmet, es enthält praktisch alle Fragmente pythagoreischer Namenskunde, welche den Verfall der Zeit überdauert haben. Von diesen Fragmenten her wird es augenscheinlich sein, dass die ursprünglichen samischen[58] Zahlen Elemente eines erhabenen theologischen Symbolismus sind. Durch das Studium der Mathematik lud Pythagoras alle Menschen zur Gemeinschaft mit den Göttern ein.

... Numerologie, wie sie heute praktiziert wird, führt ihre Voraussetzung auf eine kurze Bemerkung von Iamblicus zurück, die sinngemäß besagte, dass Pythagoras ein Weissagungssystem mit Hilfe von Zahlen vervollkommnete, das auf den geheimen Überlieferungen, die aus dem Orpheus stammen, beruhte. Im 6. und 7. Jahrhundert vor Christus war es für die alten Griechen normal, Weissagungen aus den Innereien von speziellen heiligen Tieren und Vögeln zu treffen. Pythagoras verdammte diese Praxis und setzte dafür die Arithmomantie, das Zahlenorakel, als für die Götter akzeptabler und nicht schädlich für lebende Wesen ein. Es sollte jedoch nicht aus den Worten von Iamblicus geschlossen werden, dass Pythagoras die Numerologie tatsächlich erfand. Die Verwendung von Zahlen für symbolische und Zwecke der Weissagung war in fast allen antiken Religionssystemen gebräuchlich. Gut entwickelte Numerologiesysteme sind in den älteren Schriften der Chinesen, Ägypter und Juden zu finden. Numerologische Kabbalistik findet sich normalerweise in enger Verbindung zu Astrologie und Magie.

---

58 Von der Insel Samos stammend

Meine Suche nach radionischen Wahrheiten

Das Folgende befindet sich auf dem Papiereinband des Buchs.

THEORETISCHE ARITHMETIK
enthält
die Substanz
all dessen, was über dieses Thema
von Theo von Smyrna, Nicomachus, Iamblicus und Boetus geschrieben wurde - zusammen
mit einigen bemerkenswerten Besonderheiten, was
perfekte, freundliche und andere Zahlen angeht,
die nicht in den Schriften irgend eines antiken oder
modernen Mathematikers gefunden werden können.
Ebenfalls ein Muster der Vorgehensweise,
in der Pythagoras über Zahlen
philosophierte; und eine Entwicklung ihrer mystischen
und theologischen
Arithmetik.

Von Thomas Taylor

*Schlüssel zu den hebräisch-ägyptischen Mysterien
in der Quelle der Maße*

von J. Ralston Skinner

Legt den Grund zum britischen Zoll und der antiken Elle, mit der der Mensch die Große Pyramide von Ägypten und den Tempel des Salomon gebaut hat; und durch deren Besitz und Gebrauch bricht der Mensch in ein Mysterium auf, das bei den Hebräern Kabbalah genannt wird, wobei er annimmt, dass er damit das kreative Gesetz Gottes verwirklicht.

Das Rätsel der Zahlen. Entwicklung der Sensitivität.

Dies ist eine hochmathematische Abhandlung. In der Einführung lesen wir: „Enthält genau genommen eher eine Abhandlung oder Studie als ein Werk. Das Ganze ist eine Reihe von Entwicklungen, die auf der Anwendung von geometrischen Elementen beruhen, ausgedrückt in numerischen Werten, die auf den Integralwerten des Kreises basieren. Sie wurden vom verstorbenen John A. Parker und von Peter Metius im 16. Jahrhundert wiederentdeckt. Kurze Angaben dieser Entwicklungen, darunter die größte: dass das System, von dem sie abstammten, in früherer Zeit als eines angesehen wurde, das in der Natur oder in Gott ruht, praktisch als Grundlage oder Gesetz der Ausübung kreativer Gestaltung; als solches als der Bibel zugrunde liegende Struktur zu finden. Diese Einführung enthält das hebräische Alphabet mit den Werten und Kräften der Buchstaben und einige von deren möglichen Symbolen mit einigen Anmerkungen über die hieroglyphische Anwendung der Buchstaben."

Die Kapitel enthalten:
Quadratur des Kreises von John A. Parker und Reflektionen darüber.
Problem der 'drei rotierenden Körper' von Parker.
Britisches System der Längen- und Landvermessung inklusive eines okkulten Systems der Zeitmessung.
Einführung in die Konstruktion der Großen Pyramide.
Tempel des Salomon.

· Eine weitere Forschungslinie bestand durch Dr. Drown. Ich schrieb ihr bei verschiedenen Gelegenheiten und bat sie dabei, ob sie mich unterrichten würde, wenn es ein fundamentales GESETZ gäbe, durch das sie ihre Zahlen für ihre Arbeit bekommen hatte. Ihre Antwort kam auf einem Blatt 'Drown Radio-Therapy', auf dem sie geschrieben hatte:

„Die sogenannten 'Raten' wurden ursprünglich aus den biologischen Strukturen des tierischen Körpers ermittelt ... die pathologischen Erkrankungen wurden von Mustern aus Krankenhäusern genommen und so bezeichnet."

Meine Suche nach radionischen Wahrheiten

Ich war nach der Lektüre ihrer anderen Bücher jedoch davon überzeugt, dass sie ein anderes spezifisches System gehabt haben muss, um so gut zu arbeiten. Ich war mir sicher, dass sie die tiefere Bedeutung ihrer Zahlenkombinationen KANNTE, und dass sie diese mit einem profunden spirituellen Verständnis der Naturgesetze in ihren Anwendungen kombinierte.

Ich blieb also hartnäckig und fragte sie bei verschiedenen Gelegenheiten, ob das richtig sei, aber sie war bei diesem Thema immer sehr zurückhaltend. Schließlich schrieb sie mir:

„Ich habe eine umfassende Studie über die Zahlen der Kabbalah ausgearbeitet, die natürlich auf die Lebensessenz selbst zurückgeht. Es scheint wirklich wahr zu sein, dass die Leute diese Zahlen in etwas, was sie als 'Code' bezeichnen, benutzen und dabei keine Ahnung haben, für was der Code steht."

Ich wusste nun, dass dieser Hinweis einen in Richtung der Prinzipien leitet, die an der Bedeutung von Zahlen beteiligt sind, obwohl ich zu dieser Zeit keine Ahnung hatte, was für eine grundlegende Frage ich ihr gestellt hatte. Nachfolgende Erfahrungen ließen mich der Unermesslichkeit des Themas gewahr werden, das ich versehentlich angeschnitten hatte.

Bei diesem Thema muss man auch die Lehren anderer früher Autoren beachten, weil bestimmte große Rhythmen und Zahlen in der Natur jede Sekunde unseres Lebens berühren.

In *Nature's Harmonic Unity*[59] bringt Samuel Coleman zahlreiche Bilder, die er analysiert, und zeigt, dass das Dreieck, das Quadrat, das Fünfeck und der fünfzackige Stern, das Sechseck und der sechszackige Stern und das Achteck bestimmende geometrische Elemente kleiner Pflanzen sind. Diese

---

59 Harmonische Einheit der Natur

und der Kreis bilden alle geometrischen Muster der mannigfaltigen Formen der physischen Welt.

Er zeigt auch, dass die Winkel und Linien dieser mikroskopischen Mitglieder des Pflanzenreichs präzise die Winkel und Linien sind, die im Plan des Parthenon, in der Konstruktion der Großen Pyramide und in den Entwürfen zahlloser Arbeiten der größten Maler und Bildhauer verwendet wurden.

Durch die Proportionen, die sich in diesen einfachen Formen vereinen, werden alle Kräftebeziehungen im Universum bestimmt. Schallschwingungen, sowohl in Tonhöhe als auch Volumen, werden von denselben Prinzipien bestimmt. Das ganze Spiel des Lichts und der Farbe folgte denselben Gesetzen der Form. Und die Spiralen einer Muschel sind die logarithmischen Spiralen, welche die Grundlage aller Formen sind.

Manly P. Hall hat in seiner *Encyclopedia of Masonic and Hermetic Symbolism*[60] viele Diagramme hergestellt, um diese Tatsachen zu illustrieren.

All dies brachte mich dazu, mehr in esoterischen Begriffen zu denken. Wie es oft passiert, wenn man in Kontakt mit Radionik kommt, man wird plötzlich mit Möglichkeiten vorsichtiger Entwicklung der eigenen Sensitivität konfrontiert. Für viele ist das nicht die Hauptsache und es muss klar sein, dass man ohne Esoterik ein ausgezeichneter Radioniker werden kann. Es ist gegen esoterische Lehren, dass diese Art von Selbstentwicklung bei Anfängern forciert werden kann oder sollte ... anbieten vielleicht ... aber forcieren ... nie. Die Wahl muss beim Einzelnen bleiben.

Diejenigen, die solche Eigenschaften verwenden wollen, werden mit einer breiten Auswahl von Trainingsmöglichkeiten konfrontiert; viele Systeme sind verwirrenderweise einleuchtend. Allgemein gesagt, es gibt solche, die für die östliche Tradition in verschiedenen Formen eintreten.

---

60 Enzyklopädie des freimaurerischen und hermetischen Symbolismus

Meine Suche nach radionischen Wahrheiten

Es gibt jedoch eine sicherere aber länger dauernde Methode, die viele vielleicht nicht kennen. Sie liegt in den Lehren der westlichen Tradition.

Das Leben jeder Person wird zwangsläufig vom Verhalten und den Traditionen seiner Rasse beeinflusst. Deswegen ist die Flucht aus der Welt, die im Osten normal ist, im Westen krankhaft. Okkulte westliche Systeme suchen keine Auswege. Sie suchen nach der Bemeisterung verborgener Kräfte, inneren und äußeren, und versetzen den Eingeweihten in die Lage, seine Umgebung zu kontrollieren, während er in ihr lebt.

Dr. Paul Case, Gründer von *The Builders of the Adytum*[61] stellt in einer Broschüre *The Open Door*[62] die westliche Tradition heraus. Dieses System des Alten Wissens ist als die hermetischen Künste bekannt (nach Hermes Trismegistos, der als ihr Gründer angesehen wird). Die sieben hermetischen Prinzipien sind in einem Buch, *The Kybalion*, herausgebracht worden. Es ist eine Studie der hermetischen Philosophie des alten Ägypten und Griechenland. Diese Prinzipien, von 'Drei Eingeweihten' geschrieben, werde ich nun wie in diesem Buch beschrieben darlegen.

Dem wird eine Betrachtung der praktischen Anwendung der Philosophie folgen.

Die sieben hermetischen Prinzipien

Einführung

Der Zweck dieser Arbeit ist nicht die Formulierung irgendeiner speziellen Philosophie oder Doktrin, sondern eher der, den Studenten eine Erklärung über die Wahrheit zu geben, die dazu dient, die vielen Teile okkulten Wissens, die sie sich angeeignet haben könnten, die sich aber augenscheinlich widersprechen und die oft dazu dienen, den Anfänger in diesen Studien zu entmutigen und abzuschrecken, in Einklang zu bringen.

Vom Land des Ganges sind viele fortgeschrittene Okkultisten in das Land Ägypten gewandert und saßen dort zu Füßen des Meisters, Hermes Trismegistos, Meister der Meister.

---

61 Die Erbauer des Adytums
62 Die offene Tür

Das Rätsel der Zahlen. Entwicklung der Sensitivität.

In allen antiken Ländern wurde der Name von Hermes Trismegistos verehrt, der Name war ein Synonym für die 'Quelle der Wahrheit'.

Es gibt sieben Prinzipien der Wahrheit; der, welcher diese kennt und verstanden hat, besitzt den magischen Schlüssel, durch dessen Berührung alle Türen des Tempels auffliegen.

Die sieben hermetischen Prinzipien, auf denen die gesamte hermetische Philosophie beruht, sind folgende:

1. Das Prinzip des Mentalen
   ALLES ist Verstand. Das Universum ist mental.
2. Das Prinzip der Übereinstimmung
   Dieses Prinzip enthält die Wahrheit, dass immer Übereinstimmung zwischen Gesetzen und Phänomenen der verschiedenen Ebenen des Seins und des Lebens herrscht.
3. Das Prinzip der Schwingung
   Nichts ruht; alles ist in Bewegung; alles schwingt.
4. Das Prinzip der Polarität
   Jedes Ding ist dual; jedes Ding hat Pole; jedes Ding hat sein Paar der Gegensätze; gleich und ungleich sind dasselbe, Gegensätze sind ihrer Natur nach identisch, aber verschieden im Maß; Extreme treffen sich; alle Wahrheiten sind Halbwahrheiten; Paradoxa können ausgesöhnt werden.
5. Das Prinzip des Rhythmus
   Jedes Ding fließt, ein und aus; jedes Ding hat Gezeiten; alle Dinge erheben sich und fallen; der Pendelschwung manifestiert sich in allen Dingen; das Maß der Rechtsschwungs ist das Maß des Linksschwungs; Rhythmus kompensiert.
6. Das Prinzip von Ursache und Wirkung
   Jede Ursache hat ihre Wirkung; jede Wirkung hat ihre Ursache; alles geschieht nach dem Gesetzen; Zufall ist nur der Name für das nicht erkannte Gesetz; es gibt viele Orte für Ursächlichkeit, aber nichts entkommt dem Gesetz.
7. Das Prinzip des Geschlechts
   Geschlecht ist in allen Dingen; alle Dinge habe ihre männlichen und weiblichen Prinzipien; Geschlecht manifestiert sich auf allen Ebenen.

Wenden wir uns nun den praktischen Anwendungen der hermetischen Künste zu, die die heilige Kabbalah, Tarot, Alchemie und Astrologie beinhalten.

Unglücklicherweise wurden diese missbraucht, in der Vergangenheit sogar verfälscht, aber wenn man sie ernsthaft studiert, dienen sie als zuverlässige Führer zur Meisterschaft. Sie basieren weitgehend auf Symbolismus, der eine universelle Sprache darstellt, und führen allmählich zu höheren Bewusstseinszuständen.

Werfen wir zunächst einen Blick auf Tarot und zitieren aus einem Buch dieses Namens von Dr. Case.

„Tarot ist ein illustriertes Textbuch altersloser Weisheit. Aus seinen Seiten wurde die Inspiration zu einigen der wichtigsten Arbeiten in der okkulten Wissenschaft gezogen, die in den vergangenen 75 Jahren veröffentlicht wurden. Sein Einfluss auf den Geist einiger erlauchter Denker kann durch die Geschichte der modernen Wiederbelebung des Interesses an esoterischer Wissenschaft und Philosophie verfolgt werden.

Diese Wiederbelebung des Interesses begann 1854 mit der Publikation von Eliphas Levis Dogma und Ritual transzendenter Magie, das erste einer Reihe okkulter Schriften, in denen er den Tarot als wichtigste Informationsquelle benennt.

Levis Meinung über den Tarot war sehr hoch. Er sagte:

„Als gelehrtes kabbalistisches Buch, mit all seinen Kombinationen, welche die vorexistenten Harmonien zwischen Zeichen, Buchstaben und Zahlen offenbaren, ist der praktische Wert des Tarot genau und darüber hinaus wundervoll. Hätte ein Gefangener kein anderes Buch als nur den Tarot, von dem er wüsste, wie er ihn anzuwenden hätte, könnte er innerhalb weniger Jahre universelles Wissen erlangen und mit unvergleichlichen Grundsätzen und unerschöpflicher Redekunst sprechen."

Die ältesten Beispiele von Tarotentwürfen, die nun im europäischen Museum aufbewahrt werden, wurden vielleicht um 1390 gemacht. Nach einer okkulten Überlieferung, in die ich geneigt bin, Vertrauen zu setzen, war das tatsächliche Datum ungefähr im Jahr 1200 des Herrn.

Das Rätsel der Zahlen. Entwicklung der Sensitivität.

Die Erfinder, behauptet die Überlieferung, waren eine Gruppe von Adepten, die sich in bestimmten Intervallen in Fez, Marokko, trafen. Nach der Zerstörung von Alexandria wurde Fez die literarische und wissenschaftliche Hauptstadt der Welt. Dorthin kamen weise Männer aller Nationen, aller Sprachen. Ihre Konferenzen waren wegen der verschiedenen Sprachen und philosophischen Terminologie schwierig. So kamen sie auf die Idee, die wichtigsten ihrer Doktrinen in ein Buch der Bilder zu integrieren, dessen Kombinationen auf den okkulten Harmonien der Zahlen beruhen sollten."

Im Kapitel über die okkulte Bedeutung der Zahlen schreibt Dr. Case:
„In diesem Kapitel werden wir die okkulte Bedeutung der Zahlen von Null bis 10 betrachten, mit spezieller Bezugnahme der esoterischen Bedeutung der sogenannten 'arabischen' Zahlen. Tatsächlich wurden diese Zahlen von einem Hindupriester erfunden, von dem sie von arabischen Mathematikern, die sie in Europa einführten, ausgeborgt und leicht verändert wurden. Der Schlüssel zu den Zahlen befindet sich in dem Diagramm, das sich auf dem Titelbild dieses Buches befindet."

„Leser dieser Seiten, die mit okkultem Symbolismus vertraut sind, werden erkennen, dass die Basis der Diagrammkonstruktion ein sechszackiger Stern ist, der als Schild des David oder Stern des Makrokosmos bekannt ist. Vor Jahren erklärte einer der theosophischen Meister, dass das System der sechs Kreise, die einen zentralen siebten berühren, der Schlüssel zur Konstruktion des Kosmos sei. Zu dieser Zeit wurde von dem Studenten, an den diese Feststellung gerichtet war, nicht begriffen, was der Meister meinte.

Ich hoffe, dass die Einbeziehung dieses Diagramms einige meiner Leser zu weiterer Forschung anregen kann. Platzmangel verwehrt mir die Ausarbeitung verschiedener Details. Ich gebe mich damit zufrieden, zu sagen, dass dieses eine Diagramm der Schlüssel zur geometrischen Konstruktion der Großen Pyramide ist, zu einer sehr engen Annäherung zur Quadratur des Kreises, zur okkulten Bedeutung des von Freimaurern getragenen Schurzes, zur Konstruktion des kabbalistischen Diagramms, das als der Baum des Lebens bekannt ist (der 'Schlüssel zu allen Dingen' genannt wird), und zu den Proportionen des mystischen Gewölbes, von dem gesagt wird, dass in ihm der Körper des Gründers des Rosenkreuzerordens gefunden wurde. Dies ist nur eine kleine Auswahl der Mysterien, zu denen dieses eine Diagramm Hinweise enthält."

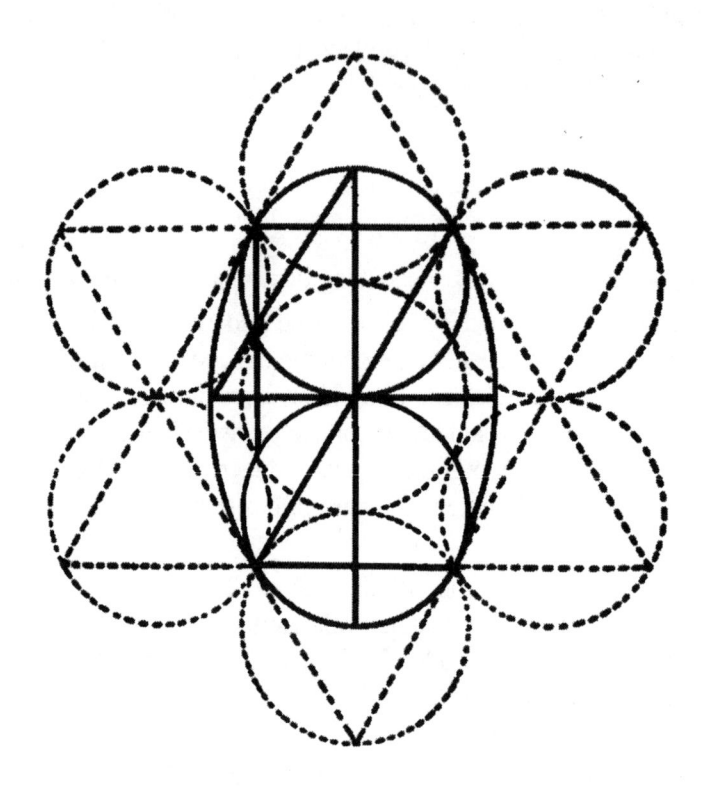

Schlüssel zum Kosmos und zu den Zahlen

Wer sind dann die *Builders of the Adytum*?

„Sie sind eine authentische Mysterienschule. Ihr System ist eines westlicher Tradition und ihre Lehren sind seit sehr alter Zeit von einer Gruppe von Eingeweihten zur nächsten weitergegeben worden."

Was kann man von diesem Training erwarten?

„Zunächst wird es eine allmähliche Verbesserung in der Konzentrationsfähigkeit geben, Pläne mit Klarheit zu durchdenken und nach ihnen korrekt zu handeln.

Kreative Vorstellung und Unterscheidung werden verstärkt und ebenso die Kontrolle über den eigenen Weg spirituellen Wachstums. Unter deren Direktive lernen die Studenten wichtige Erfordernisse der Esoterik durch monatliche Teillieferungen, so dass sie nicht in einer Masse okkulter Begriffe untergehen."

Hierauf folgt das Studium der Tarotschlüssel, mit sorgfältigen farbigen Anleitungen, welche die Studenten selbst ausmalen müssen. Dies ergibt für jeden ein Kartenset, das auf die eigene Psyche abgestimmt ist, dabei aber dem gleichen Muster für alle folgt.

Danach wird ein Jahr mit dem Studium der Bedeutung von Symbolen verbracht und ungefähr ein weiteres Jahr mit Erfahrungen in der Heilkunst, Ausgleich der Persönlichkeit durch die Anwendung von Farbe und Klang sowie den Methoden der Tarotinterpretation, was zu einem höheren Bewusstsein führt.

Eine Erklärung eines okkulten Diagramms wird 'Der Baum des Lebens' genannt und Enthüllungen über die Geheimnisse der Alchemie werden auch gemacht.

All dies bringt einen zu solchen Fragen wie ... Was ist das Leben? ... das innere Sein des Menschen? ... Leben und Tod? ... Natur und Unsterblichkeit? ... und viele andere.

Der andere wichtige Schritt ist, erkennen zu können, wohin man gehen und was man in diesem Leben sein will.

Für lange Zeit war die vergangene Geheimhaltung über solche Dinge notwendig, aber heute sind 'verschlossene Türen' nicht mehr nötig, weil die heute angewandte Geheimhaltung darin besteht, dass nicht die Fähigkeit existiert, die beteiligten Konzepte zu verstehen, oder nicht das Denken vorhanden ist, solch fortgeschrittene Wissenschaft zu meistern.

Durch das Training mit 'The Builders of the Adytum' wird den Studenten zusammen mit Experimentalarbeit allmählich theoretisches Wissen mitgeteilt.

Der Student erkennt, dass er allmählich Meisterschaft über die kleinen Dinge erlangt, dann über die größeren. Er muss etwas über die Kräfte lernen, mit denen er arbeiten wird, und entdecken, dass seine eigene Bestimmung und Arbeitswilligkeit das Maß sein wird, mit dem er Resultate erreichen wird. Es gibt zur Erleuchtung keine Abkürzung.

Trotzdem, ungeachtet der Abweichungen in dieser Methode zwischen Ost und West, ihre Ähnlichkeiten in den Prinzipien sollten auch anerkannt werden. Diese Ähnlichkeiten will ich in meinem nächsten Kapitel zeigen.

11

Gibt es Parallelen zwischen Yoga und Alchemie?

Östliche und westliche Tradition des Alten Wissens

Wenn man von einem Lehrplansekretär gebeten wird, einen Vortrag zu halten, ist der Eröffnungszug fast immer, „Wie lautet der Titel Ihres Vortrags? Ich möchte ihn in meinen Lehrplan eintragen." Diese einfache Frage ist dazu gedacht, einen festzunageln. „Das wird ihn festlegen, er kann nicht zurück, wenn ich einen Titel bekomme," denkt der Sekretär. Aber wenn der Vortragende klug ist und die Fallstricke kennt, spielt er auf Zeit.

„Ich werde Sie das wissen lassen ... ja, so früh wie möglich."

Als potenzieller Dozent habe ich Zeit, das zu überdenken. Es wird vielleicht einige Tage dauern, während ich mit meiner normalen Arbeit fortfahre. Nach ein paar Wochen entscheide ich, dass ich besser etwas wegen der unangenehmen Vorlesung tun sollte. Mein erster Gedanke ist, „Weiche von den normalen klischeebehafteten Titeln ab und versuche, etwas Aufsehenerregendes und Interessantes zu finden." Dies ist nicht so einfach und so entscheide ich, das mit meiner Frau zu besprechen. Dies, so bilde ich mir ein, ist ein guter Zug.

„Was liest du im Moment", fragt sie.

„Alchemie," antworte ich.

„Nun, wie passt das mit deinem Lesen über Theosophie zusammen?

Welch eine Frage!

„Yoga könnte der nächste Kontakt sein, nehme ich an, aber ich kann das wirklich nicht sehen." Eine lange Pause ...

„Können sich Yoga und Alchemie treffen? Wie würde das aussehen?"

Ja, das hat Möglichkeiten, also lange ich nach dem Telefon und rufe den Sekretär an.

„Ich habe einen Titel für meinen Vortrag. Ich hoffe, Sie mögen ihn."

Ein Seufzer der Erleichterung ist am anderen Ende der Leitung zu hören. Natürlich mag er ihn. Er hat mich am Haken.

Ich lege auf und lehne mich zurück. Was habe ich getan? Verpflichtet zum Bluff oder ein beweisbarer Fall. Seltsam, ich finde, das ist eine erfrischende und aufregende Herausforderung.

Und das war der Beginn eines Vortrags, den ich nie hielt, denn der Termin wurde gestrichen.

Yoga und Alchemie ... der Osten und der Westen ... nun, die meisten Systeme haben etwas gemeinsam, also nahm ich meine Bücher heraus und machte mich ans Werk. Aber bevor ich mich in das Thema vertiefe, muss ich klar sagen, dass ich kein praktizierender Yogastudent bin, ich habe deshalb das, was ich zu sagen habe, aus Swami Vivekanandas Buch *Raja Yoga* und *The Yoga for Health, Youth and Joy*[63] von Dr. Paul Dukes, K. B. E. entnommen.

Was die Alchemie betrifft, so muss ich meine Anerkennung für die erhaltene Hilfe von *The Builders of the Adytum* ausdrücken, ohne die ich dieses Kapitel nicht versucht hätte.

Beginnen wir mit Yoga.

„Der Zugang zum Göttlichen durch Studium, Lernen, Denken und Meditation. *Jnana Yoga* wird allgemein als schwierigster von allen Wegen angesehen, weil es sehr schnell in eine Menge Paradoxe und Widersprüche führt. Als Weg erfordert es den höchsten abstrakten Gedankenflug und es hat eine starke Anziehung auf den intellektuellen Studenten.

Der zweite Weg, der der Hingabe, ist *Bhakti Yoga*. Er ist vielleicht populärer, weil er nicht die gleichen intellektuellen Anforderungen stellt wie Jnana. Der Zugang zu Gott wird durch Verehrung, Anbetung und Selbstaufgabe erlangt. Es ist der Weg des Visionärs und Dichters, aller großen Mystiker und Heiligen.

---

63 Yoga für Gesundheit, Jugend und Freude

Gibt es Parallelen zwischen Yoga und Alchemie?

Der dritte Weg, der des *Karma Yoga*, ist der Zugang durch Arbeit, Aktivität und Initiative. Der Weg des Sozialarbeiters, des Mechanikers, des Erfinders oder Geschäftsmanns. Es ist das Yoga des aktiven, durch ein Ideal inspirierten Menschen.

Ein wichtiger Aspekt des *Karma Yogas* ist der sparsame Umgang mit Energie. Es strebt danach, ein Maximum an Ergebnissen mit einem Minimum an Aufwand zu erzielen. Das Prinzip der 'Sachkenntnis in Aktion' betrifft nicht nur große Sachen des täglichen Lebens, sondern ebenfalls kleine Details des Denkens und Tuns.

Das Ziel des *Hatha Yoga* ist es, die Funktion unseres physischen Körpers in Harmonie mit den Schöpfungsquellen zu bringen. Unsere physischen und mentalen Fertigkeiten müssen trainiert werden, um perfekt mit Rhythmus und Harmonie zu funktionieren. In physischen Begriffen ist perfekte Gesundheit und Körperlichkeit das Ziel, aber Gesundheit einer Über-Natur ist das letzte Ziel.

Von den anderen Abteilungen dieses großen Themas sind *Mantra Yoga* und *Laya Yoga* zwei der wichtigeren. Dies ist die Wissenschaft von Klang und Schwingung. Das erste schließt das Studium von eintönigem Gesang und Beschwörungen ein; die Wiederholung von heiligen Formeln und deren Effekte auf die Emotionen, Geist und Körper. *Laya Yoga* ist das Studium des Energiethemas, speziell im menschlichen Organismus, und des Mysteriums der 'Lebenskraft' in all ihren Aspekten.

Diese allein werden einen Menschen nicht dazu führen, seine Göttlichkeit zu entwickeln. Daneben muss die Praxis der Charakterbildung in jedem Aspekt des Alltagslebens in Gedanken, Wort und Tat stehen. Weisheit wird aus der Erfahrung gelernt, die durch angewandtes Wissen erlangt wird."

Man könnte diese Wege weiter ausführen, aber ich beabsichtige, mehr Zeit auf *Raja Yoga* zu verwenden, weil wir hier eine Methode haben, die sich mit Bewusstsein und Entwicklung der Konzentration des Geistes beschäftigt.

„Was hat *Raja Yoga* anzubieten? Es zielt darauf ab, der Menschheit eine praktische und wissenschaftlich ausgearbeitete Methode der Wahrheitsfindung anzubieten. Man muss, so sagen sie, wie in der Wissenschaft durch Beobachtung vorankommen, woraus Bewusstsein und Gesetze abgeleitet werden.

Wissen über die innere Natur des Menschen, über die wirkliche Welt und über das Denken kann man ohne die Kraft der Beobachtung von Fakten, die in uns erweckt werden, nie haben.

Raja Yoga meint, dass es in der Natur grob- und feinstoffliche Manifestationen gibt. Es bietet an, Mittel zur inneren Beobachtung dieser zur Verfügung zu stellen. Das Instrument zur Perfektionierung dieses Akts ist der Geist.

Bevor man persönliche Erfahrung intellektuell erwarten kann, muss Akzeptanz von denen kommen, die vor uns den Weg gegangen sind. Und es gibt so viele, auf die wir uns beziehen können, wenn wir das wollen.

Man muss eine Grundlage haben, auf der man arbeitet, und das intellektuelle Lesen und Studieren von Männern wie Vivekananda ist ein ausgezeichneter Beginn. Selbstbestätigung folgt der Praxis."

Was ist nun deren Philosophie über das Universum?
1. Das Universum ist aus einer allgegenwärtigen, alles durchdringenden, erhabenen, namenlosen Existenz zusammengesetzt. 'Das Eine Leben' in unbegrenzten Formvariationen und Formlosigkeit, alles, was existiert.
2. Die Natur wird von drei Kräften regiert oder von drei Qualitäten charakterisiert, die als die Drei Gunas bekannt sind:
   Raja   eine positive Qualität, die Aktivität bewirkt.
   Tamas   eine negative Qualität, die Aktivität ausweicht, was
              Trägheit einschließt.
   Sattva   eine ausgleichende Qualität, welche die anderen bei-
              den balanciert; diese repräsentieren Gleichgewicht,
              Kontrolle und Mäßigung.
3. Sie wird auch in fünf als Tattvas bezeichnete Klassen eingeteilt. Diese sind fünf Energieklassen hinter unseren fünf Sinnen. Jede hat ihre eigene Fabund Gestalt. Rama Prasad gibt eine vollständige Beschreibung in *Natu-*

Gibt es Parallelen zwischen Yoga und Alchemie?

re's Finer Forces[64].
Die fünf sind:

Akasha	feinstoffliches Prinzip des	Hörens	eiförmig
Vayu	.. .. ..	Tastens	kugelförmig
Tejas	.. .. ..	Sehens	dreieckig
Apas	.. .. ..	Schmeckens	halbmondförmig
Prithivi	.. .. ..	Riechens	würfelförmig

Ausdrücke können natürlich Kombinationen von zwei oder mehr sein. Wie beginnt man nun mit diesem grundlegenden Wissen? Die Antwort ergibt sich aus den acht Yogischritten. Diese sind:

1. Yama   Nicht töten; nicht begehrlich; Wahrhaftigkeit.
2. Niyama   Reinlichkeit; Zufriedenheit; regelmäßige Beobachtungen; Strenge; Selbsthingabe an Gott.

Diese sind die grundlegenden Moraltechniken, ohne die keine Yogapraxis Erfolg haben wird.

3. Asana   Haltung. Eine Reihe von mentalen und physischen Übungen. Dadurch geschieht viel Aktivität im Körper. Nervenströmen wird ein neuer Kanal gegeben. Die ganze Konstitution wird remodelliert und die Hauptaktivität liegt entlang der Wirbelsäule.
4. Pranayama   Atemkontrolle. Diese umfasst unter anderem Nasenlochatmung.
5. Pratyahara   Sinneseinschränkung. Überprüfung der herausgehenden Kräfte des Geistes und Befreiung von der Sinnesabhängigkeit.
6. Daharna   Konzentration der Bewegung. Ein flüssiger Zustand hoher Aufmerksamkeit, die stark fokussiert ist.

---

64 Die feineren Kräfte der Natur

7. Meditation   Dies leitet sich aus dem Vorangegangenen her.
8. Überbewusstsein   Erkenntnis.

„Wenn man Fortschritte macht, beginnt die Reinigung der sieben als Chakras bekannten Zentren oder drehenden Wirbeln, bis alle sieben in höchstem Maße vergeistigt sind.

Wenn die Schlangenkraft, Kundalini, die sich nun in der Basis der Wirbelsäule zusammenrollt, erweckt wird, wird die ganze Natur anfangen, sich zu verändern und das Buch des Wissens wird sich öffnen. Jedes Chakra, so wird gesagt, hat seine eigene spezielle Farbe, Musiknote und geometrische Form.

Durch die Aktivität des Geistes wird diese Kraft, wenn sie entsprechend geführt und in Richtung der Innenwelt dirigiert wird, für uns Tatsachen analysieren und erhellen. Dies wird mit Hilfe von Surya - Sonne und Rayi - Mond erreicht."

Dies ist ein eigenes Thema und gehört nicht in den Bereich dieses Artikels.

„Der Mensch, der entdeckt und gelernt hat, wie man die inneren Kräfte manipuliert, erhält Kontrolle über die ganze Natur. Aber er muss, wie schon früher gesagt wurde, mit seiner eigenen Natur anfangen.

Der Yogi bürdet sich dann keine kleinere Aufgabe auf, als das gesamte Universum zu meistern, die ganze Natur zu kontrollieren, intern und extern."

Wenden wir uns der Alchemie zu. Ich möchte keine Zeit dafür aufwenden, die Menschen zu besprechen, die im Verlauf der Jahrhunderte versucht haben, Grundmetalle in Gold zu verwandeln. Eine Reihe davon waren sicherlich geniale Experimentatoren ihrer Zeit, was Metalle betrifft, und als solche vielleicht die Vorläufer der Chemie. Meiner Meinung nach entdeckten einige un-

Gibt es Parallelen zwischen Yoga und Alchemie?

zweifelhaft den Stein der Weisen und konnten die Wunder der Transmutation wirken.

Andere waren Scharlatane, die danach trachteten, giermotivierten Menschen große Geldsummen aus der Tasche zu ziehen. Wenden wir uns anderen Dingen zu.

Wie beim Yoga, beabsichtige ich, die höchsten Aspekte der Alchemie ... oder spirituellen Alchemie, der Suche nach dem Stein der Weisen und der Entdeckung der universellen Medizin abzuhandeln. Wir können dann beurteilen, ob es eine Grundlage für die in der Überschrift genannte Hypothese gibt.

Man muss verstehen, dass alle alten alchemistischen Schriften in einer speziellen kryptischen Sprache abgefasst sind. Um ihre Bedeutung zu entziffern, muss man die Sprache auf die gleiche Weise lernen, wie man Sanskrit oder chemische Formeln lernt, will man Yoga oder Chemie verstehen.

Aber als Anfang könnte es nützlich sein, ein Zitat aus Webster's Dictionary zu betrachten. Es ist dies:

„Die mittelalterliche Wissenschaft der Chemie, deren Hauptziele die Transmutation von Grundmetallen zu Gold, die Entdeckung der universellen Heilung für Krankheiten und die Mittel zur unendlichen Lebensverlängerung waren."

Das ist aber nicht die ganze Geschichte und irreführend, weil es so aussieht, als ob die verschiedenen Operationen der Alchemie zuerst diesen Zielen gedient hätten; die Wahrheit ist, das Große Werk hat mit dem *Menschen selbst* zu tun.

Alchemie wurde beschrieben als 'Ein Zustand des Bewusstseins, der als perfektes Schwingungsgleichgewicht auf die physische Ebene reflektiert wird'. Das hat aber nicht ausschließlich nur mit Bewusstsein zu tun. Die Durchführung des Großen Werks ist mehr als nur ein Geisteszustand und versetzt den, der mit der Entfaltung erfolgreich war, in die Lage, alle beteiligten Kräfte zu benutzen.

Eliphas Levi beschreibt das Große Werk folgendermaßen:

„Das Opus Magnum (Große Werk) ist vorwiegend die vom Menschen selbst ausgeübte Wirkung, das heißt die volle und vollständige Eroberung seiner Fähigkeiten und seiner Zukunft; es ist vorwiegend die perfekte Befreiung seines Willens.

Diese Selbstbeherrschung versetzt ihn in die Lage, seinen 'verdorbenen' physischen Körper in einen 'unverdorbenen' Körper zu transformieren. Wir sehen also, dass Alchemie in erster Linie ein innerer Vorgang ist.

Dennoch ist dies keinesfalls rein metaphysisch. Es wird mit wirklichen physischen Materialien gearbeitet und die Operation hat das Ziel, ein Mineralprodukt herzustellen, das wirklich als Stein bezeichnet werden kann. Dieser Stein ist ein Kunstprodukt (Geist), obwohl die Bestandteile aus der Natur stammen. Deshalb kann das Große Werk korrekter als psycho-physiologische, vom menschlichen Selbstbewusstsein dirigierte Transformation beschrieben werden."

Welches sind die Grundsätze der Alchemie?

1. Die Doktrin, 'Alle Manifestation besteht aus *einer* Substanz'.
   Schwefel   feurig und leidenschaftlich.
   Quecksilber   vital und nachdenklich.
   Salz   verhaftet.

2. Sie erkennen fünf Phasen der Manifestation oder fünf Klassen des Ausdrucks 'Des Einen Dings' an. Diese sind:
   Quintessenz und die vier Elemente Feuer, Wasser, Luft, Erde.
   Bevor aber in der Alchemie die praktische Arbeit oder das Experiment beginnen kann, muss der Student Disziplin praktizieren, sowohl mental, emotional als auch physisch, und muss ein Verständnis dafür gewinnen, zu welchen Zielen hin er seine Energien zu lenken gedenkt. Diese werden in 12 Stufen durchgeführt, wie im Großen Werk dargelegt: Sie haben seltsame Namen. Sie heißen:

   1. Kalzinierung (Glühen)
      Prozess, der aus unserem Bewusstsein die veränderlichen Elemente Emotionen, persönliche Neigung, fehlerhafte Meinung usw. vertreibt.

   2. Kongelierung (Gerinnen)
      Dies ist zur Ausarbeitung neuer Muster zum Ausdruck der 'Lebenskraft'.

Gibt es Parallelen zwischen Yoga und Alchemie?

3. Fixierung
   Harmonische Balance in der Funktion der oben genannten Prinzipien.
4. Separation (Trennung)
   Formulierung der Ziele, in deren Richtung die spezielle Arbeit des Alchemisten gelenkt wird.
5. Digestion (Verarbeitung)
   Transformation der zerstörerischen Kräfte, was Form in perfektes Verständnis der Realität überführt.
6. Destillierung (Extrakt)
   Nahrung, Wasser, Luft, Licht. Diese Elemente sind außerhalb unseres Körpers ohne Leben. Durch Assimilation oder Destillierung werden sie zur lebenden Substanz.
7. Sublimierung (Veredeln)
   Zerstreuen unerwünschter Neigungen durch Bildung und bewusste Anstrengung.
8. Purifikation (Reinigung)
   Abbau und Zerstörung früherer Strukturen falscher Meinungen.
9. Einäscherung
   Ein Schritt weiter, wo etwas dargebracht werden muss, was der Alchemist nicht für sich selbst tun kann. Eine Höhere Macht wird beteiligt. Das Große Werk kann nur mit Gottes Gnade vollbracht werden.
10. Fermentierung (Gärung)
    Wenn der Bereich eines Überbewusstseins empfangen wurde durch die Aufgabe persönlicher Identifikation mit Geschehnissen und Taten, beginnt er unbewusst zu agieren.
11. Auflösung
    Meditationsprozess, der mit der Konzentration auf ein spezielles Objekt beginnt.
12. Multiplikation (Vervielfachung)
    ist die Färbung des ganzen Körpers mit der überbewussten Erkenntnis.

In der Alchemie hört man viel von den sieben Metallen; Gold, Silber, Kupfer, Quecksilber, Eisen, Zinn und Blei. Jedes hat seine eigene ihm entsprechende Farbe und steht in Beziehung zu Nervenknoten und Drüsen im Körper. Sie sind das Gleiche wie die sieben Chakren im Yoga.

Bei der Transformation des Alchemisten werden diese Metalle so modifiziert, dass die niederen Schwingungsraten umgewandelt und veredelt ... oder erhöht werden. Diese Transformation der feinstofflichen Skorpionkraft, die durch die inneren Sterne arbeitet, hat eine dreifache Konsequenz.

1. Sie führt zu spiritueller Erleuchtung.
2. Sie gibt einem perfekten Adepten einen neuen Körper, der absolut gesund ist.
3. Sie versetzt ihn in die Lage, Kräfte zu handhaben, die in den meisten menschlichen Wesen latent bleiben.

In der Meditation werden die feinstofflichen Veränderungen im Bewusstsein wirksam, wobei die Skorpionkraft von ihrem normalen Zentrum im Körper erhoben und eine aktive Kraft wird, die andere Zentren im Gehirn erweckt.

Durch welche Mittel wird das erreicht? In alchemischer Ausdrucksweise

... „Die Sonne ist ihr Vater, der Mond ihre Mutter".

Es ist von daher klar, dass es viele Ähnlichkeiten in den beiden Methoden spiritueller Entfaltung gibt ... die Philosophie des Yoga des Ostens und die Alchemie des Westens.

Ich möchte nun, um dies klarer zu machen, in diagrammatischer Form einen Vergleich der beiden Systeme zeigen.

Gibt es Parallelen zwischen Yoga und Alchemie?

		Yoga	Alchemie
1	Alle Dinge sind Ausdruck einer Fndamentalen Energie	Akasha	Quintessenz
2	Alle Dinge enthalten drei Qualitäten	Rajas Tamas Sattva	Schwefel Quecksilber Salz
3	Alle Dinge haben fünf Ausdrucksmöglichkeiten	Akasha Vayu Tejas Apas Prithivi	Quintessenz Feuer Wasser Luft Erde
4	Es gibt sieben Vehikel der Aktivität	Chakren	Metalle
5	Eine geheime Kraft hebt sie von einer Ebene zur nächsten	Kundalini	Skorpion
6	Es gibt zwei Hauptwerkzeuge für die Arbeit	Surya Rayi	Sonne Mond
7	Die Vorbereitung für die Arbeit erfordert physische Reinheit und ethische Freiheit	Acht Schritte	Zwölf Stadien
8	Erfolg gibt dem Adepten außergewöhnliche Kräfte	Ausführung sogenannter Wunder	Ausführung sogenannter Wunder

---

Wir sehen also, es gibt viele Gemeinsamkeiten zwischen Yoga und Alchemie, obwohl sie eine unterschiedliche Terminologie haben.

„Zum Schluss dieser Ausführungen ist es gut, sich daran zu erinnern, dass wir alle Ewigkeiten haben, um die Operation durchzuführen. Das heißt nicht, dass wir uns träge hinsetzen und für immer warten. Wenn wir die grundlegenden Prinzipien erfasst und begonnen haben, mit ihnen in Harmonie *jetzt* zu arbeiten, könnten wir das Große Werk in jeder Inkarnation beenden.

Wenn wir beginnen, haben wir aber auf jeden Fall mindestens die Grundlagen für weiteren Fortschritt gelegt. Beim nächsten Mal wird es unvermeidlich leichter sein."

Und der Abschluss von Vivekananda ...

„Tu dies entweder durch Arbeit, oder durch Verehrung, oder psychische Kontrolle, oder Philosophie - durch eines davon, oder mehreren oder allen und SEI FREI."

Und eine letzte Erinnerung ... „Persönliches Bemühen ist der Preis, den man für die Entdeckung der Wahrheit zahlen muss."

12

Radionik und moderne Wissenschaft

Die Konstruktion der Radionikinstrumente war eine der großen Schwierigkeiten in unserer Arbeit. Elementare Radio- und Elektrokomponenten waren in den frühen Tagen die einzigen erhältlichen Teile und es ist natürlich, dass diese verwendet wurden.

Jahrelang fragten Wissenschaftler, Ärzte und Laien, „Was ist in der 'Kiste' drin ... Kann ich einen Blick auf die Schaltkreise werfen?" Meine ständige Antwort war, „Ja, natürlich." Nach dem Hineinschauen waren die meisten Reaktionen kommentarlos.

„Das ist Blödsinn, ein Haufen Unsinn, das kann gar nicht funktionieren." Und unmittelbar danach richteten sie ihre Aufmerksamkeit auf etwas anderes.

Ich war immer der Meinung und bin es immer noch, dass die Wissenschaft schließlich den Schlüssel finden MUSS und WIRD, die radionischen Rätsel zu lösen. Ich bin so optimistisch, weil Wissenschaft und Radionik heute sehr eng verbunden sind.

Mike Roberts, ein Experte und erfindungsreicher Elektronikingenieur, den ich in meiner Einführung erwähnt habe, und der eine Menge Zeit mit radionischer Instrumentierung verbracht hat, hat eines für mich hergestellt. Wir führten bei seiner Konstruktion ein neues Konzept ein und überzeugten uns, soweit das möglich war, der elektrischen Schaltkreise. Aber bevor ich es beschreibe, möchte ich kurz die Konstruktion der Schaltermechanismen ansprechen, die sich während der 70 Jahre radionischen Strebens allmählich entwickelten.

Um mit Abrams zu beginnen, er verwendete in seinen Anfangsexperimenten eine Schaltung mit variablen Widerständen und später variable Kondensatoren und Spulen in seinen ausgereifteren Instrumenten.

Dr. Drown verwandte in ihrem HVR Instrument eine Reihe von 'Kontaktstiften', die kreisförmig auf Hartfaserplatte oder Sperrholz montiert waren, wobei sich Kupferschleifkontakte über diese Stifte bewegten. Diese Stifte waren untereinander verdrahtet und die Schalter wurden in Reihe geschaltet. Diese Schalter waren keine 'elektrischen' Komponenten, sondern wurden speziell für ihre Instrumente hergestellt.

Guyon Richards folgte Abrams' Arbeit und verwandte einen Widerstandsschaltkreis. Er experimentierte auch mit verschiedenen Formen von Röhrenverstärkern, um die radionischen Wellen zu verstärken. In seinen Experimenten kamen Faradaykäfige und –schirme vor; eine vollständige Beschreibung seiner Experimente befindet sich in seinem Buch *The Chain of Life*[65].

De la Warr begann, indem er eine Reihe von Bolzenfeldern verwandte. Später entwarf er eine Form eines Arrangements von 'Schichtringen', die volle 360° abdeckten, aber aus irgendeinem Grund hatten die Skalenkalibrierungen noch eine Lücke zwischen Anfang und Ende. Zu einem noch späteren Zeitpunkt nahmen die Delawarr Laboratorien Radio-Potentiometer.

In den modernen Zeiten benutzte Malcolm Rae für sein Basis 44 Instrument Potentiometer, es gibt aber einen Unterschied in der Skalenkalibrierung. Anstatt der gewöhnlichen 0 - 10 Kalibrierung entwarf Rae ein System, das die Zahlen 1 - 44 verwandte.

Die Vorderseite eines Radionikinstruments weist eine Menge Skalen und Schalter auf und es ist verzeihlich, wenn man denkt, dass es sich um eine komplexe Form eines elektrischen Instruments handelt. Vertieft man sich in die Rückseite, eröffnet sich eine Reihe von miteinander verbundenen Drähten und dies verstärkt die Illusion eines elektrischen Schaltkreises weiter. Sie SCHEINEN elektrisch zu sein ... deshalb SIND sie es.

An was man sich aber erinnern muss, ist, dass diese Skalen und Drähte keine elektrischen Signale transportieren, so wie es der Wissenschaftler versteht. Dafür waren sie nie entworfen, sondern auf einer anderen Basis zu arbeiten.

---

[65] Die Kette des Lebens

Bei der Verwendung solcher Schaltkreise, die nicht an irgendwelche Stromleitungen angeschlossen sind und deshalb scheinbar keine variable elektrische Energie produzieren, überrascht es kaum, dass Wissenschaftler an radionischen Instrumenten nicht interessiert sind.

Dieser Aspekt wurde bisher nicht so stark betont, weil ich den Verdacht habe, der einfache Grund ist, dass Leute, die diese Instrumente benutzt haben, DACHTEN, dass sie elektrisch wären, weil sie elektrisch AUSSAHEN, obwohl sie eigentlich nichts dergleichen waren.

Hier haben wir einen weiteren Grund dafür, dass es für die Zukunft wesentlich ist, dass radionische Schriften mit wissenschaftlicher Terminologie übereinstimmen und darin ausgedrückt werden, wenn sie in wissenschaftlichen Kreisen akzeptiert werden sollen.

Man findet kein Instrument mit wirklich elektrischen Schaltkreisen, bis wir das von Wilson untersuchen. Hier befinden sich 50 einzelne Skalen auf dem aufrechten Schalterfeld und neun auf einem weiteren auf dem Tisch.

Das Problem war, wie wandle ich eine Neun-Skala-Behandlungsrate des letzteren Schaltfeldes in eine Ein-Skala-Rate auf dem ersteren um?

Wilson führte zu diesem Zweck einen als *Wheatstone'sche Brücke* bekannte abgleichende Messbrücke ein, so dass er ein Verhältnis von 9 : 1 auf jedem seiner Skalen auf dem Hauptschaltfeld bekommen konnte. Dieses Instrument wurde als 'Wilson 51' bekannt, weil nun mit ihm 51 Patienten zur gleichen Zeit behandeln konnte. Er baute auch ein kleineres Instrument, mit drei Behandlungsschaltkreisen.

Dies führt wieder dazu, zu fragen, „Was für eine Energie benutzt man eigentlich?" In der radionischen Diagnose und Behandlung ist, so glaube ich, die der Sache am nächsten kommende Antwort die, zu sagen, dass man eine Form von Schwingung bestimmt und misst, und dass das Patientenmuster, soweit man das beurteilen kann, eine ganze Skala von Frequenzen abstrahlt. Diese werden irgendwie gestört, wenn sich ein Patient in einem abnormalen Zustand befindet oder er auf nicht ausgeglichene Weise funktioniert.

Meine Suche nach radionischen Wahrheiten

Im allgemeinen scheinen radionische Apparate auf sehr einfachen Prinzipien insoweit zu beruhen, dass sie versuchen, reguläre und irreguläre Schwingungen zu interpretieren, indem sie numerische und/oder geometrische Energiemuster verwenden.

Dies stimmt mit der Theorie überein, die in den Arbeiten von Malcolm Rae enthalten ist, und die er vollständig in seiner *Magnetic Geometrical Applications*[66] Literatur beschreibt.

Das Prinzip der *Wheatstone'schen Brücke* wird in meinem neuen Instrument, das ich noch besprechen will, ebenfalls als abgleichende Messbrücke benutzt, aber die Stromzuführung, die angeschlossen wird, dient nur der Messung dieses Abgleichs durch das Meter, der Einbeziehung der Sinuswellenmethode der Effektivitätsverstärkung bei Behandlungen und zur Erdung. Wie bei Drown benötigt radionisches Arbeiten keinen Strom.

Dies sieht auf den ersten Blick wie jedes andere Radionikgerät aus, es ist aber auf modularer Basis entworfen, so dass eine beliebige Anzahl von Einheiten zusammengeschlossen werden kann. Seine Vielseitigkeit ist von unschätzbarem Wert, weil ein Anwender nicht länger auf EIN Instrument in EINEM Gehäuse beschränkt ist. Er kann wählen, welche Einheiten er für seine eigenen speziellen Bedürfnisse brauchen könnte. Dies könnten Gegenstände zum Arbeiten mit Farbe, Klangcomputer usw. sein.

Meine eigene Zusammenstellung besteht im Zentrum aus der Grundeinheit für die Diagnose. Das Meter misst einen 'Abgleich' zwischen dem radionischen, auf der Diagnoseeinheit eingestellten Impuls und der 10-stelligen Behandlungseinheit auf der rechten Seite des Bilds. Die untere Buchse verbindet mit der Stick-Pad[67]-Einheit, die auf die jeweilige Sensitivität des Anwenders eingestellt werden kann. Diese Unterlage kann darüber hinaus auch als Brennpunkt für Pendelarbeit benutzt werden.

Die Schalttafel auf der linken Seite liefert die Sinuswellen-Frequenz als Zugabe zur normalen radionischen Welle. Diese kann entweder auf kontinuierliches Pulsen oder auf einen voreingestellten Zeitgeber eingestellt werden.

---

66 Magnetisch-geometrische Anwendungen
67 Wörtlich Klebe-Unterlage, gemeint ist eine Reibeplatte

Radionik und moderne Wissenschaft

Wilson Instrument
51' Diagnose und Behandlung

An diesem Punkt ist es legitim, zu fragen, ob ein solches Instrument Vorteile gegenüber anderen hat. Ich kann seine Funktionen hier nicht im Detail beschreiben, aber zwei Faktoren sind von Bedeutung.

Erstens ist da die Möglichkeit, genauer zu messen, als es je möglich war, und Mike Roberts macht die Notwendigkeit dazu in seinem Artikel deutlich - 'Beobachtungen und Experimente in der Radionik und verwandten Gebieten', im September 1980 im Radionik Journal unter der Überschrift 'Basis 10 Skalen' veröffentlicht. Ich zitiere:

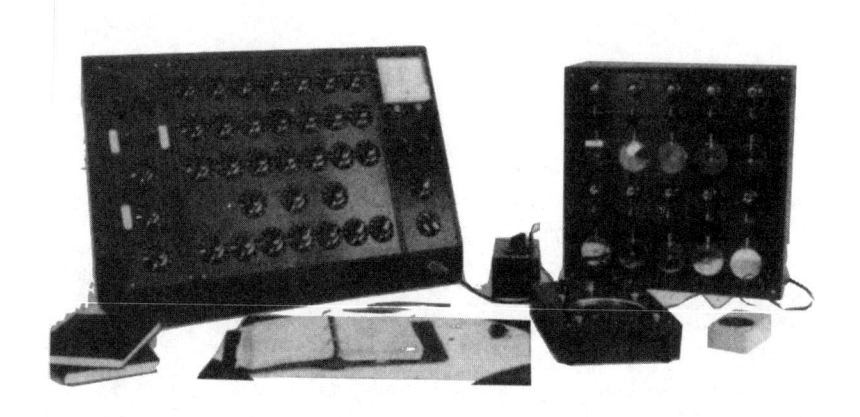

Diagnose- und Behandlungsinstrument des Autors

„Im Verlauf der Entwicklung portabler Diagnose- und Behandlungsinstrumente wurden zwei Bedingungen niedergelegt, die von größter Wichtigkeit sind. Die erste war, dass es möglich sein sollte, jede erforderliche Zahl mit Skalen zu setzen, und so dazu in der Lage zu sein, diese Zahl bei jeder folgenden Gelegenheit akkurat wieder einzustellen. Es ist, wenn man nicht sehr aufpasst, möglich, leicht über oder unter die gewünschte Zahl zu kommen. Zum Beispiel, nehmen wir an, die Rate '596' wird auf einem Standard 9-Skalen Gerät eingestellt. Es könnte auf 5 und etwas darüber, 9 und etwas darunter und mehr oder weniger 6 eingestellt werden. Beim nächsten Mal, wenn die Rate gesetzt wird, könnte das 5 und etwas darunter, 9 und etwas darüber usw. sein. Dieses Problem wurde gelöst, indem einrastende Positionen bei jeder numerischen Einstellung verwendet wurden. Auf diese Weise klickt jede Zahl in Position, wie es gewünscht wird und kann bei jeder folgenden Gelegenheit sehr leicht wieder auf die exakt gleiche Position eingestellt werden."

Diese Methode ist in meinem neuen Instrument eingebaut. Ich verwende zusätzlich drei Skalen für die Messung anstatt einer, wie es in der Vergangenheit Praxis war. Die rechte Skala ist für Einer, die mittlere für Zehner und die linke für Hunderter.

Wie bei der Drown Technik sollte man alle Drüsen und Organe normal bei 80 - 100 messen. Man beginnt die Messung mit der 10er-Skala und der Impuls zeigt sich, sagen wir, bei 40. Dann fährt man mit der Einer-Skala fort und wenn die Messung bei 6 liegt, dann ist die volle Zahl 46. sie kann nicht 45 oder 47 sein. Auf diese Weise erhält man genauere Informationen. Wenn man unsere Informationen auf praktische Weise herausgearbeitet hat, muss man die Möglichkeit der Speicherung der Daten in einem Computer in Betracht ziehen. Wir wenden unseren Verstand also dem Konzept der 'computerisierten Radionik' als Arbeitshypothese zu.

Ein größeres Problem liegt jedoch in der Verbindung von Pendel oder Stick-Pad mit dem Computer. Es ist unwissenschaftlich, ein Pendel zu schwingen oder über eine Gummi- oder Holzoberfläche zu reiben, um einen Impuls zu registrieren. Aber hier könnte, wie ich denke, ein großer Schritt vorwärts in Form von Gehirnwellenmustern gemacht werden, die bekanntermaßen sind, Signale erzeugen und eventuell Pendelantworten anzeigen könnten.

Am Anfang wurde gedacht, man müsste die Gehirnwellen direkt messen, das würde aber bedeuten, dass sich eine Elektrode an oder um die Stirn des Anwenders herum befindet. Dies ist offensichtlich unpraktikabel und eine weniger sperrige Vorrichtung wird in Betracht gezogen. Ein Weg wäre eine Platte oder Unterlage, auf die der Anwender seine Hand legen kann und welche elektrische Signale des Gehirns auffangen kann. Diese Signale würde dann ein Computer auf die gleiche Weise interpretieren, wie ein Anwender nun die automatischen Bewegungen eines von seiner Hand hängenden Pendels interpretiert.

Dies ist das modernste und dynamischste Gebiet, was den allgemeinen Fortschritt der Radionik betrifft. Ein Wort der Vorsicht jedoch ... obwohl schon einige Versuche gemacht wurden, ist es wahrscheinlich, dass einige Zeit vergehen wird, bis befriedigende Schlüsse gezogen und Informationen der Öffentlichkeit zugänglich gemacht werden können.

Ein weiterer in der Radionik zu betrachtender Punkt ist der Zeitfaktor. In einer großen Praxis wird viel Zeit für die periodische, manuelle Einstellung der Instrumentenskalen aufgewandt. Hier wäre die Gelegenheit, den Computer in die Radionik einzuführen. Die ultimative Methode wäre ein einfacher Computer, wie er in der Geschäftswelt verwendet wird, der es erlauben würde, alle auf Radionikprozeduren bezogenen Informationen einzugeben. Dieser würde sofort alle möglichen Behandlungen, die bei irgendeinem Krankheitszustand anwendbar wären, ausgeben.

Mit einem solchen System würde ein Anwender einen einfachen und schnellen Hinweis zur Hand haben, der denen in Notizbüchern, Karteikarteien und Behandlungslisten unendlich überlegen wäre. Ein solcher Computer könnte auch große Informationsmengen bewahren, die über die Jahre aus der eigenen Praxis und der von Kollegen zusammengekommen ist.

Die Möglichkeiten wachsen - zum Beispiel würde eine fortgeschrittenere Form des Radionikcomputers dazu in der Lage sein, alle in einem Ratenbuch enthaltenen Informationen zu speichern, und auf dieses hätte der Anwender sofort Zugriff. Ein Computer mit mehr Speicherkapazität könnte alles in einer Patientendatei enthalten, so dass zu jeder Zeit bei einer neuen Analyse und Behandlung die relevanten Informationen zur Verfügung stünden. Tatsächlich ist der Gesamtbestand an Informationen in einem Computer nur durch seine Speicherfähigkeiten begrenzt und an diesem Punkt muss der Anwender die lästige Frage nach den Kosten in Betracht ziehen.

Man muss jedoch sagen, dass der Begriff Radionikcomputer nicht ganz korrekt ist. Jeder Computer mit genug Speicher und der Eigenschaft, vom Anwender programmiert werden zu können, kann als Radionikcomputer bezeichnet werden, aber er würde eigentlich nur Informationen auf die exakt gleiche Weise speichern, wie ein kleiner Geschäftsmann das für sein individuelles Handelsgeschäft täte.

Das letzte Wort über die Möglichkeiten der 'Radionik in der elektronischen Ära' überlasse ich Mike Roberts, dem technischen Experten, und bitte ihn, seine Gedanken über das Thema in elektronischen Begriffen auszudrücken. Er fährt also fort:

„Ein wahrer Radionikcomputer wäre eine andere Sache. Er hätte eine Schnittstelle mit dem Hauptspeicher und wäre ein Umwandlungssystem für Signale, die bisher vom Anwender mit einem Pendel oder Stick-Pad interpretiert wurden, in elektrische Signale, die mit der Adressierung und den programmtechnischen Bedürfnissen des Computers in Einklang stehen.

Der 'Output'[68] des Computers, der auch als Ausdruck auf Papier zur Verfügung steht, würde ein sekundäres oder peripheres Gerät ansteuern, das seine 'elektrischen Signale' in 'Radionikraten' oder 'geometrische Muster' umwandelt.

Wenn der Computer direkt mit einem radionischen Behandlungsinstrument verbunden sein könnte, wäre es möglich, ein Muster oder einen numerischen Wert, die vom Computer generiert würden, zu verwenden und dann könnte es möglich sein, die Verwendung der Raten allesamt zu beenden, was viel weniger Speicherplatz im Hauptcomputer erforderlich machte. Der Name des Zustands oder die Lage des analysierten Organs könnten genügen, und diese könnten durch einen bestimmten Beziehungspunkt auf einer Verbindungsmatrix zugeordnet werden, wobei jedes Organ und jeder Zustand seine eigene spezielle Position in der Matrix innehat, geradeso wie jetzt jedem eine Rate zugeordnet ist.

Die tatsächliche Position muss nicht auf dem Bildschirm zu sehen sein. Der Computer könnte dazu programmiert sein, zu 'wissen', welche Verbindung in der Matrix jeden Zustand repräsentiert.

Wenn man sich dem ergänzenden Bildschirm zuwendet, könnte man eine Cursorlinie einbauen, der das Gebiet oder Organ, an dem man interessiert ist, unterstreicht. Diese Cursorlinie würde natürlich von oben nach unten auf dem Bildschirm einstellbar sein.

Grafik könnte zur Verbesserung eingesetzt werden. Ein 'Bild' des zu erforschenden relevanten Körpergebiets könnte mit allen Organen und interessanten Punkten beschriftet dargestellt werden. Anatomisch-physiologische Diagramme könnten aus dem Speicher geholt und dargestellt werden. Dieses

---

68 Das, was der Computer ausgibt

Meine Suche nach radionischen Wahrheiten

'Bild'-System der Präsentation von Informationen für den Anwender könnte für die Visualisation von großer Hilfe sein.

Der tatsächliche Punkt der Messung bei der Analyse, das heißt der Punkt, an dem der Anwender normalerweise eine Pendel- oder eine Stick-Pad-Reaktion bekommen würde, könnte als blinkender Lichtzeiger neben dem Organ auf dem Bildschirm angezeigt werden.

Ich habe bereits einen Minicomputer entworfen, der eine Reihe von Behandlungsraten speichert und sie dem Anwender auf Knopfdruck der Reihe nach präsentiert. Wenn verschiedene Behandlungen für einen speziellen Fall erforderlich sind, können ausgewählte Behandlungen gespeichert und mittels eines voreingestellten Zeitgebers an- und abgeschaltet werden. Auf diese Weise kann einem Patienten, verteilt über vielleicht 24 Stunden, das gegeben werden, was für erforderlich gehalten wird.

Miniatur Diagnostik- und Behandlungsinstrumente nicht größer als 30.48 cm[69] breit befinden sich in Produktion."

Zum Ende meines Buches muss ich nochmals betonen, dass bei unseren Diskussionen über die neuen und komplexeren Formen radionischer Instrumente die Komplexität die *Mechanik* betrifft, Informationen zu präsentieren und sie von den sehr einfachen Faktoren der Radionik selbst zu erhalten.

Die Komplexität ist eine Hilfe für den Radioniker und nichts anderes als ein zeitsparender Faktor. Die Radionik selbst erfordert keine komplexen oder sogar elektronischen Schaltkreise. Sie ist, wie vorher schon erwähnt, vielleicht eine sehr einfache Energieform geometrischer Muster. Sie erfordert jedoch den 'Humanfaktor', und unsere Forschungen richten sich dahingehend aus, dass sie dem Anwender erlauben, von seinen Fähigkeiten außersinnlicher Wahrnehmung vollen Gebrauch zu machen, wobei soviel wie wissenschaftlich möglich von der Arbeit, die für die Speicherung seiner Schlussfolgerungen erforderlich ist, eingespart wird.

---

69 12 Zoll

13

Abschluss

Das eigentliche Überleben der Radionik über drei Viertel eines Jahrhunderts ist in sich selbst ermutigend. Sie hätte auch vergehen können aus Mangel an Unterstützung, wenn sie nicht in sich selbst ein Element der Wahrheit enthalten hätte. Die Suche nach dieser Wahrheit ging durch Generationen mit einem konstanten Wechsel in der Technik einher. Die Radionik passte sich im Verlauf der Zeit jedem neuen Verstehenselement an.

Neue Ideen wurden durch neue Pioniere hervorgebracht - ihnen alle Achtung, aber nicht weniger wichtig war die Loyalität der Anwender draußen vor Ort. Viele von ihnen haben Jahre ihres Lebens ruhig in ihren Häusern gearbeitet, um so viel Leiden und Schmerzen zu lindern, wie ihnen möglich war. Sie wurden geleitet und inspiriert von einer organisierten Führerschaft, die die Bewegung, ohne auf Stress oder Opposition zu achten, vorwärts brachte, und die ständig auf jedwede neubelebenden Impulse achtete - gleichermaßen auch ihnen - alle Achtung.

Heute blickt die Radionik neuen Herausforderungen ins Gesicht - die der eigenen Assimilation in ein galoppierendes technisches und wissenschaftliches Zeitalter. Sie muss sich anpassen und das schnell, wenn sie als natürliches Segment im allgemeinen Heilspektrum im nächsten Vierteljahrhundert und darüber hinaus anerkannt werden will.

Sie kann es schaffen - der Wille ist da, und so sind es die jungen Leute, die die Katalysatoren sein werden. Sie müssen dazu ermutigt werden und man muss ihnen helfen, denn es ist deren Anstrengung zu verdanken, dass die Anerkenntnis kommt.

Ich bin jedoch überzeugt, dass nur dann die Wissenschaft und die Medizin uns ihr Ohr leiht und uns zuhört, wenn wir uns auf die grundlegenden physischen Forschungsprozeduren einlassen, wie es von solchen Leuten wie Professor S.W. Tromp ausgeführt wird. Wir können auf mehr als das hoffen. Wir können willkommene Diskussionen und Zusammenarbeit erwarten, so dass wir ZUSAMMEN in der Lage sein werden, eine ganz neue Dimension in unsere Arbeit zu bringen.

Bibliographie

Abrams, Albert	*New Concepts in Diagnosis and Treatment*[70], Psychico-Clinical Co., San Francisco, 1924
Archdale, F. A.	*Elementary Radiesthesia and the use of the Pendulum*[71], Radionic Centre, 24 Davis Av., Christian Beach, South Australia 5165
Builders of the Adytum	*Highlights of Tarot*[72]
	Parallel Paths to the Unseen Worlds[73]
	Frazer
	The Open Door[74], kostenloser Lehrplan B.O.T.A., 5105 N. Figueroa St., Los Angeles 90042, USA
Case, Paul Foster	*The Tarot*[75], Macoy Publishing Co., New York, 1947
Coleman, Samuel	*Nature's Harmonic Unity*[76]
Crile, George	*The Phenomena of Life*[77], W. Heinemann Ltd., London, 1936.
	A Bipolar Theory of Living Processes[78], Macmillan Co., New York, 1926
Dinshah, Darius	*The Spectro-Chrome System*[79], 1979 Darius Health Society, Malaga, New Jersey, USA
Dinshah Ghadial	*Spectro-Chrome Metry Encyclopaedia*[80], 1939, Darius Health Society, dreibändig, Leinenbindung

---

70 Neue Konzepte für Diagnose und Behandlung
71 Elementare Radiästhesie und der Gebrauch des Pendels
72 Höhepunkte des Tarot
73 Parallelwege zu den unsichtbaren Welten
74 Die offene Tür
75 Der Tarot
76 Die harmonische Einheit der Natur
77 Die Phänomene des Lebens
78 Eine bipolare Theorie über lebendige Prozesse
79 Das Spektrochrom-System
80 Enzyklopädie der Spektrochrommetrie

Drown, Ruth B.   *Theory and Technique of the Drown Radio Therapy*[81], Hatchard & Co, London, 1939
Science and Philosophy of the Drown Radio Therapy[82], Los Angeles, 1938
Radio Vision[83], Scientific Milestone, Drown Laboratories, Hollywood, California, USA
Wisdom from Atlantis[84], Drown Laboratories, 1963

Duke, Sir Paul   *Yoga of Health, Youth and Joy*[85], Cassells, London, 1960

Ganot, Professor   *Elementary Treatise on Physics*[86], H. Balliere, London, 1872

Hall, Manly P.   *An Encyclopaedic Outline of Masonic, Hermetic, Qabbalistic and Rosicrucian Symbolic Philosophy*[87], The Philosophical Research Society Inc., Los Angeles, USA, 1957

Karagulla, S.   *Breakthrough to Creativity*[88], Logi Publishing Society, Chicago, USA, 1908

Lakhovsky, Georges   *The Secret of Life*[89], Wm. Heinemann, London, 1939

Levi, Eliphas   *Transcendental Magic*[90], Rider & Co., 3 Fitzroy Sq., London, 1975

Maury, Marguerite   *How to Dowse*[91], A.H. Bell, London, 1953

---

81 Theorie und Technik der Drown Radio-Therapie
82 Wissenschaft und Philosophie der Drown Radio Therapie
83 Radio Vision, so nannte Ruth Drown ihre Technik der radionischen Fotografie
84 Weisheit aus Atlantis
85 Yoga der Gesundheit, Jugend und Freude
86 Elementare Abhandlung über Physik
87 Eine Enzyklopädie freimaurerischer, hermetischer, kabbalistischer und rosenkreuzerischer symbolischer Philosophie
88 Durchbruch zur Kreativität
89 Das Geheimnis des Lebens
90 Metaphysische Magie
91 Wie man pendelt

Bibliographie

Mermet, Abbe	*Principles and Practice of Radiesthesia*[92], Vincent Stuart Ltd., London
Prasad, Rama	*Nature's Finer Forces*[93], Theosophical Publishing Society, 1897
Richards, Guyon	*The Chain of Life*[94], John Bale, London, 1934
Russel, Edward W.	*Report on Radionics*[95], Neville Spearman, Suffolk
Skinner, J. Ralston	*Key to the Hebrew-Egyptian Mystery*[96], David McKay Co., Washington, USA, 1875
Taylor, Thomas	*Theoretic Arithmetic*[97], Phoenix Press, Los Angeles, USA, 1934
Tromp, S.W.	*Psychical Physics*[98], Elsevier Pub. Co., Amsterdam, Holland, 1949
Vivekananda, Swami	Raja Yoga, Adviata Ashram, Calcutta, 1966
Westlake, Aubrey T.	*Pattern of Health*[99], Vincent Stuart Ltd., London 1961

---

92 Prinzipien und Praxis der Radiästhesie
93 Die feineren Kräfte der Natur
94 Die Kette des Lebens
95 Der Radionikreport, Ende 2000 im Radionik Verlag
96 Schlüssel zum hebräisch-ägyptischen Mysterium
97 Theoretische Arithmetik
98 Psychische Physik
99 In Deutsch erschienen unter dem Titel 'Medizinische Neuorientierung, Origo Verlag, 1994

Die Anschrift der englischen Radionischen Gesellschaft lautet:

The Radionic Association
Baerlein House
Goose Green
Deddington
Banbury
Oxon OX15 0SZ
England

Anfragen zur radionischen Analyse und zu radionischer Projektion, sowie Ausbildung zum/r professionellen Radioniker/in richten Sie bitte an:

The School of Radionics - German Branch
Deutsche Radionikschule
Quaet-Faslem-Str. 12a
D-31582 Nienburg
☎ ++49 +5021 910188
📠 ++49 +5021 910197
✉ radionik@t-online.de
http://www.radionikverlag.de

Radionikausbildung

- mit den offiziellen englischen Unterrichtsmaterialien in deutscher Übersetzung
- mit spezieller englischer Literatur in deutscher Zusammenfassung

- 18 Monate Grundausbildung
- 36 Monate Vollausbildung

- englische Geräte neuester Bauart
- Beginn jeweils März oder September

Radionische Computerprogramme für DOS und Windows:

ETRE
Claudio Romanazzi
Quaet-Faslem-Str. 12a
D-31582 Nienburg
☎ ++49 +5021 910188
📠 ++49 +5021 910197
✉ radionik@t-online.de
http://www.radionikverlag.de

ETRE
Computerised Healing System
(Radionik-Computerprogramm)

Für PC-Systeme ab 512 KB RAM, EGA (besser VGA), 16 Farben, MS-DOS 4.0 und höher, sowie unter Windows.

- Normal-, Notfall- Kontakt-, Intensiv-,
- Fern-, Heil- & Vorsorgebehandlungen
- Wünsche (Situationsradionik)
- professionelle & private Version
- Online-Hilfe
- integrierte Kurse
    7 Lektionen Pendeln
    12 Lektionen Radionik
- Standard- & Benutzerbehandlungen
- läuft mit und ohne Bedienung

Deutsches Radionikjournal:

DIE RADIONIK INFORMATION

Quaet-Faslem-Str. 12a
D-31582 Nienburg
☎ ++49 +5021 910188
📠 ++49 +5021 910197
📧 radionik@t-online.de
http://www.radionikverlag.de

DIE RADIONIK INFORMATION
Fachzeitschrift für
Radionik

- erscheint vierteljährlich
- deutsche Sprache
- vereint die meisten Radionikanbieter in Deutschland
- enthält aktuelle Artikel aus der Radionikwelt
- schöpft aus 40 Jahren englischer Radionikveröffentlichungen
- ist vollkommen neutral
- erscheint seit 1997, jeweils Ende Januar, April, Juli und Oktober

Meine Suche nach radionischen Wahrheiten

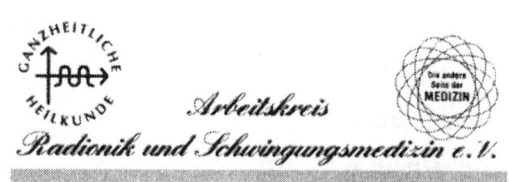

Arbeitskreis Radionik und Schwingungsmedizin e.V.

| Bioenergetische Ausbildung | Radiästhetische Forschung | Parawissenschaftliche Dokumentation |

23611 Bad Schwartau · Waldstr. 20 · Tel. 0049 (0) 451-28 11 84 · Fax 0049 (0) 451-28 11 84

Ganzheitliche Heilkunde in Theorie und Praxis

Angebote: Vorträge - Kurse - Ausbildungen - Fachtagung

Teilnehmer: jeder an diesen Themen Interessierte

Kurse: Calligaris Techniken - Christliche Psychotherapie - Bioenergie - Bioresonanz - Ganzheitliches Heilen - Geobiologie - Heilmagnetismus - Selbsterfahrung - Hildegard Heilkunde - Medizinische Radiästhesie - Radionik Ausbildung - Energtische Reprogrammierung - Orgontherapie - Edelsteintherapie

Tagung: ASW Forschung - Christotherapie - Informationsmedizin - Selbstheilung - Ganzheitliche Heilweisen - Geistchirurgie - Schwingungsmedizin - Radionik - Parapsychologie - Tierheilkunde - Spiritualität - Clustermedizin - Heilkraft - Sensitivitätstraining - Quantenphysik - Ethnomedizin - Erfahrungsheilkunde - Lebensenergie - Ringvorlesungen - Ganzheitliches Menschenbild - Begegnung

Kosten: Kurse ab 60,00 DM; Fachtagung: 380,00 DM

Literatur: Zu diesen Themen im Passat Verlag Waldstraße 20, 23611 Bad Schwartau Tel. + Fax: 0451-281184. Bitte Literaturliste anfordern.

Mitglied: Im Dachverband geistiges Heilen e. V. In der Akademie für patientenzentrierte Medizin e. V.

Non-profit-Organisation: Wir fördern sozialmedizinische Projekte in der 3. Welt durch unsere Aktivitäten. Als gemeinnützig vom Finanzamt anerkannt können wir Ihnen Spendenquittungen ausstellen, wenn Sie unsere Arbeit unterstützen.

PRONOVA*
E N E R G E T I K
Dipl.-Ing. Peter W. Köhne

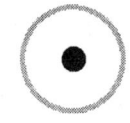

RADIONIK/SE-5
ORGON-Technik
S e m i n a r e

RADIONIK von A - Z

Mit **A** wie Albert Abrams (Dr. med, Entdecker der ERA-Methode) begann vor 100 Jahren die Entwicklung der Radionik. Mit **Z** wie Zero Point (Nullpunkt-Energie, Skalar, Schlüssel zum Inneren Datenfeld) hat die Radionik heute auch die moderne wissenschaftliche Grundlage gefunden.
Von A-Z informieren wir Sie über die Radionik, die Möglichkeiten, die Geräte, Literatur, Seminare, Schulungen, z.B.

- **SE-5^{plus}**, das Radionik-Gerät, das 1985 als **SE-5** die Welt der Radionik revolutionierte, das erste computergestützte Gerät, das für viele Anwender schon heute als „lebende' Legende gesehen wird. Ein Radionik-Gerät, das alles kann, was die Radionik zu leisten vermag, auch heute noch das modernste Radionik-Gerät dieser Art mit zusätzlicher PC-Schnittstelle. **SE-5^{plus}** Intrinsic Data Field Analyser

- **SE-5 für Windows**, das fortschrittlichste PC Programm für **SE-5** und **SE-5^{plus}**, geeignet für Windows 3.1 bis 98, mit über 14000 Raten in deutsch, Import- und Export-Funktionen, Suchprogramm und allen Radionikfunktionen wie Messen, Balancieren, Scannen (Schnellanalyse), Potenzieren (Herstellen von radionischen Informationsmitteln) u.v.a.m.

Meine Suche nach radionischen Wahrheiten

- **Multi Balancer**, zum individuellen automatischen Balancieren mit dem **SE-5** oder **SE-5**^{plus}. Bis zu 39 Proben können individuell automatisch balanciert werden, z.B. in Zeiten, in denen das **SE-5** oder **SE-5**^{plus} normalerweise nicht benutzt wird wie nachts, an Feiertagen usw. Eine sinnvolle Ergänzung für die effektive radionische Arbeit.

- **miniGARITH**, das günstige Radionik-Gerät und das kleinste und einfachste aus der **GARITH**-Serie. Es bietet die beiden Hauptarbeitsweisen der Radionik, Messen und Balancieren. Die Raten werden über Ratenschieber eingestellt. Die Messung erfolgt nach der englischen Tradition über Pendel.

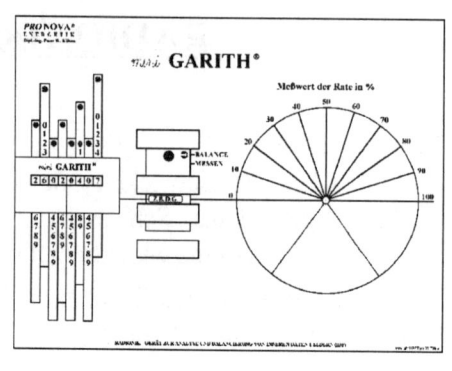

- **„Die vorletzten Geheimnisse"** *Radionik - wo Wissenschaft und Weisheitslehren zusammenfinden.* Dieses spannende Buch über Radionik zeigt am Beispiel der Radionik, wie Schöpfungsprozesse ablaufen, was Informations-'Felder' sind und welchen Einfluss die auf unser Leben und unsere Gesundheit haben. Informations- und Steuervorgänge werden aufgezeigt und welche Rolle Skalare und Skalarantennen dabei spielen. Neueste wissenschaftliche Erkenntnisse fließen genauso ein wie Jahrtausende altes Wissen. Viele praktische Beispiele machen das Buch zu einem gleichwohl informativen wie spannenden Abenteuer, wie es die Radionik schon seit hundert Jahren ist.

*PRO*NOVA* ENERGETIK, Höhenstr. 3-5, D-35647 Waldsolms
Tel. 06085 / 970252, Fax 06085 / 970253
eMail: pronova.energetik@t-online.de
*Wir liefern auch ORGON-Technik, Neuro-Elektrische Therapie, RIFE-Geräte

Deutsche Radionische Gesellschaft e.V.

Die Deutsche Radionische Gesellschaft e.V. wurde 1992 als Zusammenschluss deutschsprachiger Radioniker gegründet. Dem wachsenden Interesse an der Radionik folgend hat sie sich zur Aufgabe gesetzt, die Radionik bekannter zu machen und Kontakte unter den Radionikanwendern herzustellen,, um den Wissens- und Erfahrungsaustausch zu fördern. Sie will darüber hinaus ein Forum sein für Interessierte, die sich ein möglichst klares, persönliches Bild von der Radionik, ihren Wirkmechanismen, Einsatzmöglichkeiten und der untrennbar damit verbundenen höheren Ethik machen wollen.

Die Grundlage der radionischen Arbeit und verbindlich für alle Mitglieder ist das Leitbild der Deutschen Radionischen Gesellschaft.

- Mit der Vielfalt unserer individuellen Fachkompetenz analysieren wir treffsicher im ultrafeinen - und nichtörtlichen Bereich.
- Im Sinne der Schöpfung harmonisieren und optimieren wir bis in materielle Strukturen.
- Zum Besten des Ganzen (Z.B.D.G.) streben wir Arbeitsqualität auf höchstem Niveau an. Schwerpunkte sind dabei auch kreativer Austausch unter Radionikern und Anwendern verwandter Disziplinen, Weiterentwicklung der Radionik und Hilfe zur Selbsthilfe. Oberstes Ziel dieser Arbeit ist die Förderung des globalen Bewusstseins.
- Unser Handeln ist bestimmt von Liebe, Ehrfurcht, Kreativität, Zuverlässigkeit, Verantwortung, Toleranz und Innovationsbereitschaft.

(Auszug aus der Satzung)

Deutsche Radionische Gesellschaft e.V.
Höhenstr. 3-5, D-35647 Waldsolms
Tel. 06085 / 919414, Fax 06085 / 919415
eMail: drg.ev@t-online.de, Internet: http://www.drgev.de

Meine Suche nach radionischen Wahrheiten

RADIONIK

INSTRUMENTE

Copen MK 12

Einfach zu bedienendes Instrument zur radionischen Analyse und Balancierung

Translationssystem zum Aufprägen von Medikamenteninformation auf Träger

Arzneimitteltestung (Medikament und Potenz) ohne Testsätze (!)

Vertrauen Sie über 50 Jahren Erfahrung der Bruce Copen Laboratories, weltweit

Besuchen Sie uns im Internet www.copen.de

Nähere Informationen und unserem gesamten Lieferprogramm, erhalten Sie in unserem Katalog (bitte Schutzgebühr DM 5.- in Briefmarken beilegen).

LITERATUR

Die ganze Radionik

Die Radionik kann auf eine über 100jährig Tradition zurücblicken. So waren mit der Radionik schon in den 30er Jahren erste Medikamententests möglich.

15 Fachautoren aus den Bereichen Medizin und Physik schildern Ihre Gedanken über mögliche Erklärungsmodelle sowie Ihre langjährigen Erfahrungen mit der Radionik in der täglichen Praxis.

Ein weiterer Beitrag aus dem landwirtschaftlichen Bereich dokumentiert die universelle Einsatzfähigkeit der Radionik.

Harald Rauer (Hrsg.), Das Radionik Praxishandbuch, ISBN 3-931604-02-0

SEMINARE

Fortbildung

Erfahrene Referenten bieten Ihnen in unseren praxisorientierten Seminaren die komplette Ausbildung für die radionische Arbeit:

Dr. Manfred Hartmann:
Medizinische Radiästhesie

Radiästhetische Analyse und Therapie

Dipl. Ing. Harald Rauer:
Einführung in die Radionik

Heidemarie Kremlicka:
Bioenergetische Resonanztestung

Dr. Frank von Sonnleithner:
Energiezentren und Feinstoffliche Anatomie

Bruce Copen Laboratorien (Europa)
Inh.: Dipl. Ing. H. Rauer

Gautinger Straße 1
D-82061 Neuried
Tel.: +49 - (0)89 - 79 19 91 13
Fax: +49 - (0)89 - 79 19 96 42
e-mail: info@copen.de

quantec
medizin aus der zukunft

Infos bei **m-tec**, Marxnweg 4
82054 Sauerlach/Altkirchen
Tel.: 08104/6290 89, Fax: -87
email info@mtec-ag.de

homepage http://www.mtec-ag.de

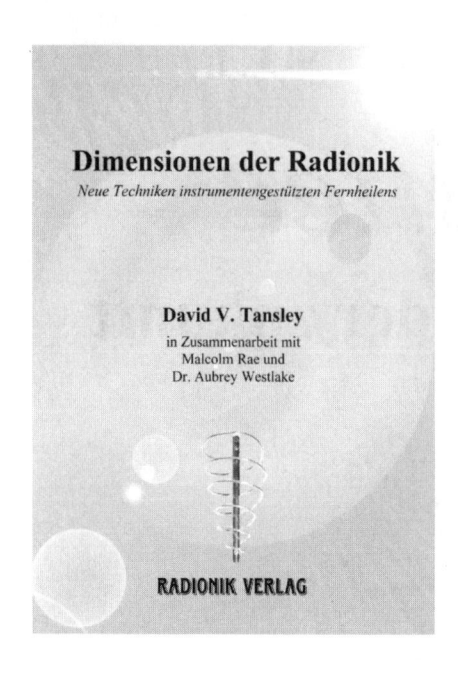

David V. Tansley
Dimensionen der Radionik

Neue Techniken instrumentengestützten Fernheilens

Radionik Verlag
ISBN 3-934441-00-9
Paperback, 266 Seiten
Empfohlener Verkaufspreis
DM 30.00

Es handelt sich hier um ein Grundlagenbuch der modernen Radionik. David Tansley erklärt seine Sicht der Radionik mit Themen wie östliche und europäische Mystik und moderner (1977) Forschung.

David V. Tansley
Radionik - Schnittstelle zu den Ätherfeldern

Radionik Verlag

ISBN 3-934441-02-5
Paperback, 166 Seiten
Empfohlener Verkaufspreis
EURO 11.00 (DM 21.51)

Dieses Buch erforscht den Zusammenhang, der zwischen dem menschlichen und dem Universellen Energiefeld besteht, in dem wir leben. Es zeigt, wie diese Felder für Ferndiagnosen und –behandlungen verwendet werden können.